임원보다는
부장을
꿈꿔라

임원보다는 부장을 꿈꿔라

1판 1쇄 인쇄 2015년 10월 25일
1판 1쇄 발행 2015년 10월 30일

지은이 김남정
펴낸이 이윤규
펴낸곳 유아이북스
출판등록 2012년 4월 2일
주소 서울시 용산구 효창원로 64길 6
전화 (02) 704-2521
팩스 (02) 715-3536
이메일 uibooks@uibooks.co.kr

ISBN 978-89-98156-50-3 03320
값 14,000원

직장인을 위한 서바이벌 가이드

편안한
임원보다는
행복한
부장을
꿈꿔라

김남정 지음

ui 유아이북스
Ultimate Information

겨울이 없는
가을은 없다

저는 한 직장에서만 30년 동안 근무했습니다. 30년. 짧다면 짧고, 길다면 긴 세월이지요. 그 세월 동안 직장에서 느끼고 경험했던 일들은 어떤 것과도 바꿀 수 없는 소중한 자산이 되었습니다. 재직 당시 저는 나와 같은 길을 가고자 하는 사회 초년생들에게 제 경험을 토대로 틈틈이 교육하였습니다. 하지만 돌아보니 아직도 전해 주지 못한 이야기가 많아, 못다한 이야기들을 후배들에게 전하고자 이 책을 쓰게 되었습니다.

저는 ROTC 장교로 군 복무를 마친 지 3일 만에 회사에 입사하였습니다. 그때는 패기와 젊음이 있었기에 뭐든 부딪히면 다 해낼 수 있으리라는 자신감을 갖고 있었습니다. 그렇게 용감하게 시작한 사회생활이었지만 힘들고 답답한 점이 많았습니다. 육체적으로 힘든 것이야 젊은 체력으로 이겨냈고, 경험으로 하는 업무도 근무하면서 선배나 상사로부터 수시로 배울 수 있었습니다. 하지만 나만의 경쟁력을 어떻게 키우느냐, 대인 관계를 어떻게 할 것인가 등 정작 직장생활을 하는 데 가장 기본이 되는 문제들은 확신을 갖고 조언해 주는 선배가 거의 없어 상당히 답답했습니다. 특히 곤혹스런 일이 발생했을 경우 더욱 그러했습니다. 혼자 힘으로 무엇을 어떻게 해야 좋을지 헤매다가 시행착오도 참 많이 겪었습니다.

이 책은 사회 초년생인 여러분이 직장생활을 하면서 저지를 수 있는 실수를 줄이고, 업무를 추진할 때 맞닥뜨리는 여러 위기의 순간을 대처하는 데 도움을 줄 것입니다. 물론 그 노하우는 저의 30년 경험으로 만들어졌습니다.

요즘 나오는 자기계발서나 직장생활의 기초를 다루는 책들은 거의 CEO가 되는 비법이나 임원이 될 수 있는 요건을 다루고 있습니다. 그런데 저는 이 책에 부장이 되기 위한 방법론을 실었습니다. 부장이 되어야 임원도 되고, CEO도 될 것이니 말입니다. 이왕이면 더 높은 곳을 올려다봐야지 왜 하필이면 부장까지냐고 의아해할 사람도 많을 것입니다.

어느 조직에서든지 '임원'이 된다는 것은 자신만의 노력과 실력만 가지고 가능한 것은 아닙니다. 하지만 부장까지는 스스로의 노력으로 올라갈 수 있습니다. 또, 요즘 입사하는 신입사원 중에는 아예 목표를 부장까지 승진하는 것으로 설정하는 사람도 많습니다. 그들의 두 번째 목표는 정년까지 근무하는 것이 되겠지요.

영국의 심리학자 리처드 와이즈먼 교수는 다음과 같은 심리검사 결과를 발표했습니다.

먼저 자신을 행운아라고 생각하는 사람과 그렇지 않다고 생각하는 사람을 구분합니다. 안쪽에 '이 광고를 봤다고 연구진에게 말하면 100달러를 드립니다'라는 문구를 크고 선명하게 써 놓은 신문을 각각의 집단에게 주고 신문 안에 실린 사진의 수를 세어 보라고 주문했습니다. 실험 결과, 자신을 행운아라고 생각하는 사람 중 다수는 이 문구를 봤다고 보고했습니다. 하지만 불행하다고 생각한 사람은 대부분 이 문구를 보지 못했다고 합니다. 이 실험 결과는 자신을 행운아라고 생각하는 사람들이 실제 행운의 주인공이 될 가능성이 매우 높다는 것을 보여 줍니다.

직장생활을 하다가 어떤 일을 하게 되면 주변에 두 가지 중 하나의 반응을 보이는 사람을 만나게 됩니다. 뭘 시켜도 긍정적으로 받아들이는 사람들과 항상 이유 없이 툴툴대는 사람들입니다. 이 두 집단의 격차는 시간이 흐르고 직급이 올라갈수록 점점 더 벌어집니다.

어느 신문 칼럼에 이런 이야기가 있었습니다. 유대인은 저녁을 하루의 시작점으로 보는 묘한 시간 계산법을 가지고 있다고 합니다. 물론 아침이 시작점이 되어야 하는 법은 없습니다. 생각을 조금만 바꾸면 인생의 시작은 봄이 아닌 겨울일 수 있습니다. 그렇게 된다면 겨울은 완전 축복의 계절일 수 있습니다.

이 순환 구조에 대입했을 때 대개의 직장인들이 풍성한 가을(은퇴)을 기대하지만 긴 겨울(시련)이 없이는 가을에 열매를 볼 수 없다는 것을 모르는 것 같습니다. 겨울을 모르고 직장생활을 시작합니다.

직장인으로서 겨울(신입사원)로부터 시작해서 가을(퇴직)로 끝나는 인생을 꿈꾸면 좋은 직장생활이 될 것입니다. 아무것도 모르는 신입사원 시절(겨울), 아는 것도 많지만 아직 모르는 것도 많은 고참 사원 시절(봄), 열정과 패기로 업무를 추진해 나가는 중견 사원 시절(여름), 여유를 갖고 자신을 돌아보는 시절(가을)이 적절히 어우러지는 직장생활 말입니다.

어떻게 하면 신입사원 시절인 기나긴 겨울밤을 따뜻하게 보낼 수 있을까요? 이 책은 직장에서 가장 많이, 그리고 쉽게 부딪히는 주제를 예로 들어 그 노하우를 알려 드리고자 합니다. 찬찬히 읽으면서 여러분의 겨울을 따뜻하게 보낼 수 있도록 대비하기를 바랍니다.

2015년 10월
김남정

목 차

머리말 -겨울이 없는 가을은 없다-   4

1장 │ 신입사원이라면 알아야 할 것들

기본이 가장 중요하다   12

출근은 웃으며, 청소는 꼼꼼히   19

소중하지 않은 사람은 없다   28

비난은 자기 그림자에게도 이야기하지 말라   32

경쟁이 아닌 협력을 위한 나만의 멘토 찾기   39

최대의 조력자   49

신입사원 맞춤 카드 사용법   53

2장 │ 업무하기 전 이것만은 놓치지 말라

개인 SNS를 바르게 사용하려면?   60

상사의 관심사에 집중하면 해답이 보인다   67

부단히 읽고, 꾸준히 써라   73

진정한 리더는 2인자부터   80

잘못된 보고는 상상 이상의 재앙을 부른다   85

공권력 조사를 저급한 애사심으로 방해하지 말라   90

끝나지 않은 연결고리, 퇴직자   100

우리는 모두 '을'이 될 수 있다   110

3장 | 틈틈이 하는 자기계발

늘 배우려는 자세가 필요하다   120

나만의 스타일을 만들자   126

제 2의 무기, 특기   132

신문은 정보의 보물창고   138

개인별 핵심 성과 지표   142

긍정적 팔로워가 필요할 때   148

금전에 집착하는 조직원은 무조건 멀리하라   153

오피니언 리더 대처법   161

모든 접대는 당신의 목을 옥죄는 올가미가 된다   170

4장 | 더 나은 나를 위해

화를 다스리지 않으면 절대 승자가 될 수 없다   178

"NO"를 외칠 때와 외치지 말아야 할 때   185

5년마다 다시 세우는 계획   193

개인 정보와 직장생활과의 관계   200

미운 놈에게 떡 하나도 주지 말라   205

깐깐한 상사 내 편 만들기   213

선배나 상사를 존경하되, 무한 신뢰하지 말라   220

언론 보도에 대응하는 자세   227

가장 중요한 한 가지 −자녀와 추억을 공유하는 데 시간을 할애하라−   237

맺음말 −퇴직하며 후배들에게 남기는 편지−   244

1장

신입사원이라면
알아야 할 것들

기본이
가장 중요하다

직장생활을 하다 보면 누가 봐도 잘나가는 부류가 있는 반면, 누가 봐도 모든 일이 잘 안 풀리는 부류가 있습니다. 하지만 직장생활은 '단거리'가 아닌 '장거리' 레이스이기 때문에 너무 잘나간다고, 또 너무 잘 안 풀린다고 일희일비(一喜一悲)하는 것은 좋지 않습니다. 설혹 잘 안 풀린다고 해도 결코 환경과 여건만 탓해서는 안 됩니다. 자신을 냉철히 돌아보고 부족한 부분이 무엇인지를 점검함과 동시에 앞으로 같은 일이 다시 생기지 않게 하는 데 신경 써야 합니다. 무엇이 문제인지, 그 문제의 가장 기본이 되는 것이 무엇인지 고민하는 데 시간을 할애해야 합니다.

갓 사회생활을 시작한 직장인들이라면 회사라는 곳이 치열한 무한 경쟁이 벌어지는 '격전장'이라는 마음 자세를 가져야 합니다. 절대로 긴장의 끈을 놓아서는 안 됩니다. 그래야 하는 이유는 간단합니다. 직장생활은 혼자 일하는 것이 아닌 '단체 활동'이기 때문입니다. 즉, 직장생활은 CEO부터 말단 사원이 함께 달리는 '단체 마라톤'과도 같습니다. 특정 개인이 특별히 잘한다고 조직의 목표가 달성되는 그런 게임이 아닙니다.

본인을 포함한 조직 구성원 모두가 합심하여 한 방향으로, 또 유기적으로 노력할 때 조직의 목표가 달성된다는 사실을 잊지 말아야 합니다. 언제, 어디서, 누구에게, 어떤 이유로 선택받아 치열한 경쟁이 불가피한 격전장에 홀로 뛰어들지 모릅니다. 그런 경우 자신의 역량을 충분히 발휘할 수 있도록 항상 실력을 갈고닦아 놓아야 합니다. 이때 회사라는 격전장의 출발점이 바로 '기본'입니다.

제가 중견 사원으로 일할 때의 이야기입니다. 회사에서 적정한 제품 가격을 매기기 위해 제품의 품격을 결정짓는 중요 요소가 무엇인지를 놓고 토론을 벌인 적이 있습니다. 토론 결과, 소비자들이 가장 예민하게 반응하는 분야로 제품의 얼굴에 해당하는 '디자인'과 '플라스틱 사출 성형 분야'가 뽑혔습니다. 그 이유는 두 요소가 소비자의 시각을 자극할 뿐만 아니라 소비자들이 성능과 가격이 비슷한 제품이라면 제일 먼저 제품 외관(디자인)을 보기 때문입니다. 또, 디자인이 아무리 좋아도 디자인을 구현하는 '플라스틱 사출 성형' 부분이 깨끗하지 않으면 소비자의 선택을 받지 못합니다. 회사에서는 이 경우 아무리 좋은 성능과 가격의 제품이라 할지라도 경쟁력에서 밀릴 것이라는 결론을 내렸습니다.

결론을 내리자 회사에서는 디자인, 설계 및 사출 부문에 대한 일류화 실행 방안을 추진하였습니다. 우선, 디자인 및 설계는 사내 인력들이 담당하고 있었기 때문에 CAD/CAMCAM(컴퓨터를 이용한 설계 및 제조)을 도입하면 어느 정도 회사가 기획했던 소기의 목적을 달성할 수 있을 것으로 판단했습니다. 이를 서둘러 도입하면서 한때 사내에 CAD/CAM 열풍이 불었고, 디자인 문제가 해결되는 듯했습니다. 그런데 진짜 문제는 제품의 실제적 얼굴 역할을 하는 사출 성형 분야였습니다.

사출물은 우리 회사와 거래를 하고 있는 협력회사에서 전량 납품하고 있었습니다. 사출 성형은 중소기업 고유 업종입니다. 사출물에 문제가 있다 하여 대기업인 우리 회사가 직접 뛰어들 수 있는 상황이 아니었죠. 회사는 고심 끝에 비용을 들여 일본의 사출 분야 장인 기술자를 초빙하기로 했습니다. 우리 회사와 거래 중인 중소기업에 기술 지도 고문으로 장인 기술자를 파견하기로 결정한 것입니다.

일본인 기술 고문을 초빙하면 금방이라도 협력업체의 사출 품질이 좋아질 것으로 예상했습니다. 하지만 그 기술 고문은 한국에 온 지 한두 달이 지나도록 아무 일도 안 하는 것처럼 보였습니다. 사출 기술 분야에서 뭔가를 해 보기는커녕 할 일 없는 노인네처럼 사무실에 앉아 책만 뒤적이고 사무실 주변 정리에만 신경을 썼습니다. 어쩌다 협력업체에 기술 지도를 나갔을 때도 일본인 기술 고문은 협력회사 직원들이 하는 일을 유심히 살펴볼 뿐 특별한 기술 지도는 고사하고 아무런 이야기도 하지 않았습니다.

빠른 성과를 기대했던 우리 회사는 기술 고문에게 이 점을 지적했습니다. 하지만 별로 나아지는 것이 없었습니다. 한참 시간이 흐른 후, 기술 고문을 관리하는 부서의 부서장이 참다못해 기술 고문을 조용히 불렀습니다. 그에게 고문으로 초빙할 당시 맺었던 '기술 지도 계약서'를 들이밀면서 빨리 눈에 보이는 기술 성과를 내줄 것을 요구했습니다. 그러자 그 기술 고문은 정색을 하고는 이렇게 얘기했습니다.

"제가 한국에 와서 사출 공장에서 하는 일을 자세히 살펴보니 직원 모두 작업자로서 기본이 안 돼 있었습니다. 그래서 다른 것을 아무리 가르쳐 봐도 별 소용이 없을 것 같아서 작업의 기본기를 다지는 일을 먼저 추진하려고 합니다. 지금은 그 일을 준비하고 있습니다."

일본인 기술 고문의 눈에는 모회사나 협력회사나 모두 기본에 충실하지 못한 회사로 비쳤던 것입니다. 그래서 기술에 앞서 사출 작업의 기본기를 익히게 하는 것이 더 급선무라고 판단했던 것이죠.

그 후, 우리 회사에는 '기본기 다지기'의 일환으로 도요타 자동차가 실시하였던 '5S 운동'(정리, 청돈, 청소, 청결, 마음가짐을 뜻하는 각 일본어의 첫 글자를 딴 것)이 본격적으로 도입되었습니다. 기본기를 다지는 활동이 강화되자 일본인 고문도 자신이 갖고 있던 사출 성형 노하우를 풀기 시작했습니다. 얼마 지나지 않아 우리가 바라던 눈에 띄는 기술적 성과가 나타나기 시작한 것은 말할 것도 없습니다.

이렇게 기본은 정말 중요합니다. 제가 다녔던 회사는 신입사원이 입사해 부서에 배치되면 무조건 3개월 동안 OJT On The Job Training (직장 내 훈련)를 실시하는 게 보통입니다. 아무리 부서의 일이 바쁘고 인력이 부족하더라도 예외는 없습니다. 신입사원들은 얼마나 제대로 된 일을 하고 싶고, 또 배우고 싶겠습니까? 그래도 회사에서는 절대 업무를 배당하지 않는 것이 원칙입니다. 그 대신 전화 받는 요령이나 문서 작성 요령은 물론, 팩스 보내는 요령에 이르기까지 별의별 하찮아 보이는 교육을 다 시킵니다. 저도 처음에는 회사가 힘들여 사람을 뽑아 놓고 적지 않은 월급을 주면서 왜 업무가 아닌 그런 자잘한 교육을 시키는지 이해하지 못했습니다.

그런데 시간이 흘러 제가 고참 관리자가 되어 당시의 일을 회상해 보니 제가 신입사원 시절에 받았던 OJT가 알게 모르게 저의 직장생활 동안 보이지 않는 큰 힘이 되어 있었습니다. OJT는 모든 직장 초보자들에게는 필수 과정이며 어떤 조직과 부서에서라도 반드시 필요한 업무였던 것입니다.

그런데 요즘의 많은 회사는 채용에 있어서 신입보다는 경력 사원을 선호하고 있습니다. 신입사원을 채용해 기본 교육 혹은 현장 실무 교육을 통해 회사가 바라는 인력으로 키우는 과정에서 적지 않은 시간과 비용이 소요되기 때문에 이를 피하고 싶어 하는 것이죠. 그래서 당장 회사에서 활용할 수 있는 인력을 확보한다는 차원에서 경력 사원을 뽑는 것입니다.

하지만 제 경험으로 보았을 때 경력 사원은 특수 기술과 같은 분야에 국한하여 채용하는 것이 맞습니다. 그 외의 분야에서는 신입사원 시절 선배나 상사로부터 회사에 필요한 OJT를 받은 부서원이 회사를 위해 진가를 발휘할 가능성이 큽니다.

만일 여러분이 어떤 회사에 입사했는데 그 회사나 상사가 별도의 시간을 내서 여러분에게 OJT를 시켜 주지 않는다면 본인이 자발적으로 교육을 받으려는 자세를 가져야 합니다. 해당 업무를 가장 잘 아는 선배를 스승으로 삼아도 됩니다. 아무튼 업무와 직장생활에 필요한 기본적인 교육을 받는 데 자신의 시간과 비용을 아낌없이 투자하는 것이 좋습니다. 이런 방법이 직장인으로 롱런하는 길이라는 것을 명심하기 바랍니다.

세계적인 골프 황제 타이거 우즈에게도 기본기를 다져 주는 코치가 따로 있습니다. 또, 미국 메이저리그 콜로라도 로키즈의 명유격수 틀트로이 툴로위츠키 선수는 테니스 코치를 영입해 자신의 수비 능력 강화 훈련을 하고 있습니다. 그의 환상적인 수비 실력을 보면 어떤 일이든 기본기가 가장 중요하다는 것을 깨닫게 됩니다.

이제 갓 입사한 신입사원이라면 어떤 부서 혹은 어떤 일을 배당 받든지 그전에 반드시 OJT를 받겠다는 마음이 필요합니다. 기본기를 익히는 것부터 스스로 노력하는 자세를 보일 때 자신이 몸담고 있는 회사에서 부장까지 승진하는 발판을 다질 수 있습니다.

TIP

1. 기초적인 업무는 회사원의 기본이다. 배울 수 있을 때 철저히 배워라.

2. 누구도 알려 주지 않으면 스스로 시간을 내서 배워라.

3. 선배는 항상 바쁘지만 그래도 묻고 또 물어서 무엇이든지 자기 것으로 만들어라. 그런 후배들을 좋아한다

출근은 웃으며,
청소는 꼼꼼히

어느 조직이든 신입사원이 들어오면 조직이 그에게 기대하는 것이 있습니다. 조직의 '새로운 피', '새로운 활력'을 불어넣어 줄 존재, 또 신선한 자극제 역할을 하는 존재가 되기를 은근히 기대하는 것입니다. 하지만 일정 시간이 지나 신입사원의 본성을 파악하면 그런 기대나 호기심도 사라집니다. 신입사원이 조직의 풋풋한 막내로 그 기대와 사랑을 오랫동안 유지하고 싶다면 일신우일신日新又日新한다는 자세로 업무와 대인 관계에 정성을 다해야 합니다.

그렇다면 신입사원은 회사에서 어떤 자세로 임해야 할까요? 회사 업무를 기존 사원들만큼 잘 아는 것도 아니고, 그렇다고 사회 경험도 많지 않기 때문에 신입사원이 발휘할 수 있는 역량에 한계가 있을 수밖에 없습니다. 그래서 누구나 입사 초기엔 회사 내에서 방향을 잡지 못해 한동안 힘들어합니다.

개인별 차이가 있기는 하지만 일반적인 신입사원은 조직에 적응을 잘 못하는 '부적응 상태' 혹은 '공황 상태'를 보이며 잠깐이나마 자신이 선택한 길을 후회합니다. 이 경우 신입사원은 자신의 경험과 겪어 온 환경에 따라 각자 다른 대응을 하게 됩니다. 이때 무난하게 조직 속에 녹아들며 자신의 위치를 찾기 위해서는 몇 가지 원칙을 갖고 대응하는 것이 좋습니다. 먼저 원칙을 수립하기 전에 반드시 갖춰야 할 자세를 말씀 드리겠습니다.

첫인상을 긍정적으로 각인시키려면 어떻게 해야 할까요? 제가 경험한 바로는 이때 무난하게 조직 속에 녹아들며 신입사원으로서의 자신의 위치를 공고히 하기 위한 대표적인 간단한 방법이 바로 '인사'와 '청소'였습니다.

먼저, 아침에 직원 상호간 주고받는 바른 인사입니다. 신입사원이 출근하면서 인사 안 할 사람이 누가 있겠냐고 반문할 수 있는데, 제가 여기서 이야기하는 인사란 남들이 다 하는 일상적인 인사가 아닙니다. 같은 인사를 하더라도 상대에게 자신의 존재감을 각인시킬 수 있는 참신한 인사를 말하는 것입니다.

인사를 참신하게 하랬다고 돌출 행동을 하라는 것은 절대 아닙니다. 같은 인사라 할지라도 함께 건네는 인사말을 조금 색다르게 할 필요가 있습니다. 좀 더 살갑게 말하거나 신입사원다운 패기가 넘치면서도 조직의 분위기를 활기차게 바꿀 단어를 선택하는 등 자신만의 인사법을 개발하라는 것입니다.

제가 입사 3년차 정도가 되었을 때 새로운 파트장이 부임했는데, 그분이 출근하며 외치는 아침 인사는 매일 달랐습니다. 그는 매일 "좋은 아침", "활기찬 하루" 혹은 누군가와 눈이 마주치면 "○○ 대리, 좋은 아침", "○○씨, 어제도 좋았는데 오늘도 멋진 성과를 내자고" 등 다양한 인사를 건넸습니다. 그 파트장의 인사 방식은 세월이 엄청 흐른 지금도 제 머릿속에 깊이 남아 있으며 당시의 분위기를 떠올리기만 해도 기분이 좋습니다.

반대로 이런 예도 있습니다. 위와 같은 시기, 다른 파트장은 매일 우거지상으로 출근해 인사하기 애매한 분위기를 만들었습니다. 생각해 보면, 직원들 군기를 잡기 위해서거나 아마도 집안일로 그러했던 것 같습니다. 당시 함께 일했던 사람들과 만나면 밝게 웃으며 인사했던 파트장에 대해서는 아직도 좋은 감정을 갖고 이야기를 하지만 1년 내내 신경질만 내던 그 파트장은 아무도 추억하지 않습니다.

어떤 사람이, 어떤 누군가에게 평생 좋은 이미지로 기억된다면 그보다 더 좋은 게 없을 것입니다. 남에게 좋은 이미지로 기억되는 삶을 산다는 것 자체가 축복이고 행복이 아니겠습니까? 같은 인사라도 '말 한마디에 천 냥 빚을 갚는다'라는 말이 있듯, 이를 유념하고 말하는 것이 좋습니다. 활기찬 표정으로 인사를 하면 수십 년이 흐른 후 당신과 일을 같이했던 동료, 고참, 상사들은 반드시 당신을 멋진 신입사원으로 기억할 것입니다.

상상해 보세요. 아침에 처음 맞이하는 직원이 찌뿌둥하거나 벌레 씹은 얼굴로 나를 째려보듯이 쳐다보고 있다면 일할 맛이 나겠는지를, 또 반대로 밝은 표정과 활기찬 목소리로 웃으며 인사를 하는데 "당신 왜 그리 기분이 좋아?"라고 어깃장을 놓을 상사가 있겠는지를 말입니다. 물론 사람마다 그런 모습을 좋아하지 않는 사람이 있을 수도 있습니다. 그런 상사나 고참에게는 일일이 반응하지 말고 자기만의 인사법을 개발하여 생활하시기 바랍니다. 신입사원의 복된 인사를 받아들이지 않는 사람은 바로 자신의 복을 스스로 걷어차는 사람일 뿐이니까요.

쉽고 간단해 보이지만 결코 소홀히 해서는 안 되며, 첫인상에 가장 효과적인 또 다른 방법은 바로 '청소'입니다.

제가 중간관리자가 될 즈음, '협력회사 지도팀'이라는 부서를 발족해 활동한 적이 있습니다. 이 제도는 우리 그룹과 거래하는 유망 중소기업 중에서 우리 그룹의 경영 수준, 품질 및 제조 기술 향상 등을 희망하는 업체에 지도 인력과 외국인 장인을 파견하는 시스템입니다. 협력회사에 나가서 그 회사가 개선을 희망하는 분야를 향상시키는 역할을 하는데, 이 팀의 구성원들은 개선 대상으로 선정된 회사에 파견 나가 일정 기간(대략 3개월에서 1년) 협력회사 직원들과 동고동락하면서 개선 활동을 추진합니다. (물론 파견 나간 사람들의 급여, 식대 및 잔특비는 모두 파견 회사인 우리 회사가 지급하는 것이 원칙이었습니다.)

개선 활동 초창기에는 해당 회사의 사장은 물론 그 회사의 종업원들까지도 지원팀원들에게 마음의 거리를 두었습니다. 비록 협력 업체들이 자발적으로 공장 합리화 개선 신청을 했다고는 하지만 대부분 마지못해 한 상태이기 때문에 가까워지기 어려웠던 것입니다. 또 이러한 시스템에 대해 색안경을 끼고 보기도 했습니다. 우리 그룹에서 자신들의 기업 비밀이나 모기업 담당자와의 유착 관계, 즉 비리를 캐내려 하는 것은 아닌지, 그런 약점을 잡아 납품 단가 인하를 유도하려는 것은 아닌지 의심하며 경계한 것이죠. 초기에는 파견 나간 우리 회사 직원들과는 말을 섞지 않는 것은 물론 식사나 담배 피우는 일도 함께하지 않았습니다.

시간이 흘러 직원들 사이의 벽이 무너지고 우리 그룹의 진정성이 확인되자 눈에 보이는 많은 성과가 나타났습니다. 그렇게 될 수 있었던 것은 개선 지원 활동 프로젝트 업무와는 전혀 관계없는 '5S 운동'을 전개한 덕분입니다.

우리 그룹에서 지도 개선팀이 구성되어 협력회사에 파견 나가게 되면 우리 그룹의 관련 임원은 딱 한 가지 지시 사항을 내립니다.

"파견 기간 동안 실적이 없어도 좋으니 협력업체 직원들이 동의하지 않으면 그들의 회사 사무실에 절대 들어가지 말고 무조건 화장실 청소만 해라."

대체적으로 파견 근무는 업체의 부담을 고려하여 약 3개월간 진행되는데, 첫 달은 무조건 청소만 하도록 지도 계획이 수립되어 있었습니다. 심할 경우 다른 일은 아무것도 하지 않고 파견 기간 내내 청소만 하다 복귀하는 T/F팀도 있었습니다.

위에서도 언급하였지만 이런 활동을 하다 보면 협력회사 직원들이나 관리자들은 모기업에서 자신들을 감시하러 나왔을 것이라

의심하기 때문에 웬만해서는 자신들의 마음을 열거나 문제점에 대해 절대 말하지 않습니다. 뿐만 아니라 청소를 하루 이틀 하다가 금방 돌아가겠지 하고 모기업에서 나온 직원들을 무시합니다. 그래도 파견 나간 팀원들은 시종일관 줄기차게 화장실 청소만 했습니다. 2, 3주 동안 이런 일이 계속되면 파견 직원이 안쓰러워서 서서히 자신들의 마음을 여는 게 일반적입니다. 이 과정을 거쳐 해당 회사 종업원들과 격의 없이 지내면 그때서야 비로소 개선 활동이 시작됐지요.

청소만큼 자신을 상대에게 각인시키고 마음을 열게 하는 좋은 방법은 없습니다. 종업원의 대다수는 회사에서의 청소는 청소 전문 용역회사를 시켜야 한다고 생각하여 청소에 참여하지 않습니다. 그러나 이는 아주 잘못된 인식입니다. 요즘은 많은 회사가 자신이 근무하는 사무실을 스스로 청소하도록 요구하고 있고, 일부 회사에서는 '사무실 청소의 날'과 같은 이벤트성 행사를 통해 청소를 하도록 독려하고 있습니다.

하지만 청소는 특정한 날을 정해 추진하는 이벤트가 되어서는 안 됩니다. 청소는 직장인이라면 직장생활의 중요 요소 중 하나로 여겨야 합니다. 월요일 아침 혹은 연휴가 끝난 후 출근하여 책상을 만져 보면 수북한 먼지가 손에 묻어납니다. 대개 회사 사무실은 환기가 잘 안 되지 않아 바닥 청소를 한다 해도 공중에 떠돌던 먼지들이 직원들이 출근하지 않는 날 여기저기에 내려앉습니다. 우리 눈에 잘 보이지 않아서 그렇지 우리가 들이마시는 먼지의 양은 상당한 수준에 이를 것입니다.

그럼에도 불구하고 대개의 직장인들은 청소를 하지 않거나 대충하고 맙니다. 바로 이 점에 착안하여 신입사원이 행동해야 합니다. 신입사원에게는, 부서 내에서 '청소하는 사람=신입사원'라는 등식이 성립할 정도로 틈나는 대로 청소하기를 권합니다. 다시 말해 신입사원이라면 함께 생활하는 부서원들이 가장 꺼려 하고 귀찮아하는 일에 솔선수범하는 모습을 보여야 합니다.

청소도 어떤 절차와 목적을 갖고 해야 합니다. 그것 없이는 청소는 안 하는 것보다 못하며 자신이 그 회사에 청소를 하기 위해 입사한 것이나 다를 바 없습니다. 그러니 청소를 하더라도 결과가 눈에 띄도록 노력해야겠지요? 청소를 효과적으로 하는 방법을 고민한다는 자세로 청소를 임한다면 좋은 성과가 있을 것입니다. 또, 내 주변만 청소하면 안 됩니다. 부서원 전체가 공용으로 사용하는 프린터, 복사기 등 비품 주위가 0순위입니다. 회의실 같은 공용 공간이 1순위이고, 자신의 책상은 2순위가 되어야 합니다. 더 칭찬받는 직원이 되려면, 프린터나 복사기 주변을 청소하면서 기계의 가동 여부를 확인하는 것이 좋습니다. 청소를 하면서 용지가 채워져 있는지 등을 확인하는 센스도 필요합니다.

가끔 부서 내 상사나 고참의 책상을 청소해 주겠다고 과잉 친절을 베푸는 신입사원이 있습니다. 그러나 그것은 해서는 안 되는 행동입니다. 신입사원이 상사나 고참이 할 청소를 대신해 주기 위해

입사한 것이 아니기 때문입니다. 신입사원 이전에 본인도 한 명의 사회인이라는 자세를 유지해야 합니다. 그런 경우 상사의 책상에 손을 대는 신입사원도 문제이지만 그런 부탁을 하는 상사 혹은 방관하는 사람도 문제적 인물임을 잊지 마세요.

상황에 따라 고참이나 상사의 책상 주위를 청소해 줄 수도 있습니다. 그러나 가능한 한 그들의 책상은 그들 스스로 청소하도록 내버려 두는 게 맞습니다. 그들이 특별한 이유로 부탁하면 어쩔 수 없지만 그것도 한두 번에 그쳐야 합니다. 지속적으로 지시를 내리면 과감히 거부하고, 거부했다고 질타하는 상사나 고참이 있는 회사라면 뒤도 돌아보지 말고 사표를 쓰고 나오는 게 낫습니다.

이처럼 청소와 인사는 말처럼 쉬운 것 같지만 결코 쉽지 않은 과제입니다. 신입사원(대체로 3년차 이하)에게 있어서 청소는 하루의 일과를 시작하는 직장인의 기본 예의 중 '외적 으뜸'이고, 인사는 활기찬 하루를 여는 직장인의 '내적 으뜸'이라는 사실을 결코 잊어서는 안 될 것입니다.

청소와 인사의 중요성을 '미인대칭'으로 기억하시면 편합니다. 미인대칭이란 말은 아래에서 '미소', '인사', '대화', '칭찬'의 앞 글자를 따온 것입니다.

'미인대칭'
• 누구든지 만나면 얼굴에 '미소'를 띄우고,

- 만나면 여러분이 먼저 '인사'를 하고,

- 만나서 이야기를 하게 되면 '대화'를 통한 소통을 하고,

- 대화를 하게 되면 상대를 반드시 '칭찬'하는 직장생활을 하기 바랍니다.

TIP

1. 청소와 인사는 조직 속에서 나를 더욱 공고히 하는 도구이다. 항상 최선을 다하는 사람이 되자.

2. 사소한 일이든, 비중 있는 일이든 무엇을 하든지 노력하는 자세를 갖자.

3. 청소의 우선순위는 공공 비품 주변, 공동 장소, 내 책상 순이며, 인사는 내가 먼저 건네라.

소중하지 않은
사람은 없다

외환위기와 금융위기를 거치면서 대다수의 회사가 단순반복적인 일을 외주화하게 되었습니다. 비용 절감을 이유로 과거에는 사내 정규 직원이 하던 일을 아웃소싱outsourcing이라는 제도를 통해 다른 회사에 용역을 주었는데, 대표적인 것이 식당 운영과 청소 그리고 운전 등입니다. 이들의 공통점은 웬만큼 잘해서는 표시가 나지 않지만 조금만 잘못하면 단번에 표시가 확연히 나타난다는 점입니다. 그래서 이를 담당하는 분들은 자주 곤욕을 치르기도 합니다.

대부분의 직장인은 평소 구내식당에서 먹는 회사 밥을 대수롭지 않게 생각합니다. 아무런 생각 없이 시간만 되면 쪼르르 달려가 무심히 사 먹고는 하지요. 하지만 어느 날 식당 아주머니들이 단체 파업을 하거나 주방의 문제로 식당을 이용할 수 없게 되면 큰 불편을 겪게 됩니다. 부득이 외부에서 사 먹든지 아니면 집에서 도시락을 싸야 하는 번거로움을 겪어야 합니다.

운전 용역 직원들이 갑자기 일을 못하게 되면 더 큰 일이 벌어집니다. 파업이나 차량 또는 운전자의 문제로 부득이 출근 버스가 운행되지 않는다고 생각해 보세요. 아마도 회사의 일부 업무가 마비되는 사태까지 가게 될 것입니다.

1980년대 중반, 제가 지방 공장에서 근무할 때의 일입니다. 당시는 사회 전체에 노사 분규가 극심했습니다. 그래서인지 제가 살고 있던 그 지역에서도 택시들이 갑자기 파업을 했습니다. 파업도 그냥 파업이 아니라 시내에서 공단을 관통하는 주요 도로를 택시로 막아 놓고 농성하는 파업이었습니다. 출근 버스가 한 대도 공단으로 진입할 수 없는 상황을 만들어 버린 것입니다. 부랴부랴 경찰이 오고 견인차들이 동원되어 길을 막은 택시들을 치우고서야 간신히 출근할 수 있었습니다. 난리도 그런 난리가 없었지요. 이렇게 출근길 교통 전쟁은 회사 업무에 커다란 영향을 끼칩니다. 오죽하면 그 사건을 교훈 삼아 공단 진입도로를 사통팔달로 만들어 놓았겠습니까?

청소하시는 분들의 경우를 보아도 이해가 쉬울 것입니다. 그분들이 하루만 청소를 안 한다고 생각해 보십시오. 식당의 경우와는 또 다른 큰 난리가 벌어집니다. 식당을 안 하면 나가서 사 먹으면 될 일이지만 청소가 안 되면 회사는 매우 지저분해지죠. 이 경우에도 얼마 지나지 않아 회사 업무가 마비될 정도가 될 것입니다.

이렇듯 중요하지만 회사 직원들은 이런 일들을 하찮은 일로 여기기 쉽습니다. 그리고 용역회사에서 파견되어 일하는 분들에게 감사는커녕 함부로 대하는 경우도 왕왕 볼 수 있습니다. 아주 나쁜 행동입니다. 그분들이 하는 일(청소, 식당일, 운전)은 절대 회사에서 하찮은 일이 아닙니다. 더구나 그분들의 인격까지 하찮게 여겨도 된다는 생각은 금물입니다. 같은 인간이기에 기본적으로 인격적인 대우를 해 드려야 하는 것은 당연합니다. 게다가 그분들에게 진실 되게 겸손을 갖춰 대하면 그분들로부터 돌아오는 나름의 이익도 있습니다.

간단한 예로, 살갑게 인사를 하는 직원에 대해서는 마치 집 식구 대하듯 뭔가 하나라도 더 챙겨 주려 합니다. 식당에서 마주치는 아주머니들에게 반가운 인사를 하면 음식을 담아 주시는 손길이 달라집니다.

청소하는 아주머니들은 또 어떠신지요? 여러 사무실을 돌아다니며 청소하기 때문에 아무래도 부서별·개인별로 비교하게 됩니다. 인사를 잘해 주는 사람 좌석 근처로 오면 아무래도 청소 속도가 느려집니다. 왜냐하면 자신에게 친절히 대해 주는 사람의 주변은 남들보다 더 챙겨 주고 싶기 때문입니다.

출근 버스는 대부분 피곤이 덜 풀린 무거운 몸을 이끌고 올라탑니다. 그런데 직원들이 기사 아저씨들에게 인격적으로 상냥하게 대하면 출근 버스의 분위기가 달라집니다. 아저씨도 직원을 향해 반갑게 인사를 건네고, 출근하는 동안 짧은 시간이나마 직원들이 버스 안에서 단잠을 잘 수 있도록 조심스레 운전합니다. 덕분에 출근 버스에서의 단잠이 근무시간에 보약이 되곤 합니다. 가끔 도착해서 내리다가 떨어뜨린 휴대폰도 친절하게 주인을 찾아 줍니다.

회사에 파견된 용역회사 직원 분들의 근무 형태가 용역일 뿐이지, 인생 자체가 용역이 아님을 명심해야 합니다. 또, 우리가 그분들에게 베푸는 작은 관심과 배려는 큰 보답으로 우리에게 돌아옵니다. 그것이 곧 회사의 경쟁력 배가의 초석이 됨을 잊어서는 안 될 것입니다.

오늘부터라도 그런 분들과 마주치면 먼저 방긋 웃어드리세요. 그런 직원이 되면 회사 생활에서 좋은 날, 복된 날이 더 많이 찾아오리라 확신합니다. 친절은, 친절을 베푼 이에게 보이지 않는 선물을 준다고 합니다. 친절해집시다. 아주 철저히 말입니다. 상대가 부담스러워 할 때까지 친절해져 봅시다.

여섯 사람만 건너면 세상 사람 모두 아는 사람이라는 '케빈 베이컨의 법칙'을 아십니까? 지금부터라도 당장 식당에서, 화장실에서, 통근 버스에서 마주치는 용역회사 직원 분들이 있다면 그분들 또한 누군가의 가족이라는 생각으로 소중히 대합시다. 내가 소중한 만큼 그분들도 소중한 사람입니다.

1. 보이지 않는 곳에서 일하는 분들에 대한 배려는 직장인의 기본이다.

2. 용역회사 직원들도 같은 직장인이다. 먼저 인사하는 직장인이 되자.

3. 용역회사 직원이라고 그분들의 인격까지 '을'이라고 생각해서는 안 된다.

비난은 자기 그림자에게도
이야기하지 말라

직장생활에서 인사철이나 조직 변동의 시기가 다가오면 조직원들 사이에 여러 추측과 소문이 반드시 발생합니다. 어떤 때는 이런 추측이나 소문 때문에 잠시나마 회사가 혼란스러워지기도 합니다. 이는 어느 조직에서나 볼 수 있는 현상으로 그리 낯선 모습이 아닙니다. 그럴 때 어느 조직에나 있게 마련인 이른바 촉이 좋은 친구들은 본인이 얻은 정보를 근거로 여러 예측을 쏟아냅니다. 물론 그럴 수 있습니다. 인사철에 그런 이야기를 듣는 것 자체가 직장생활의 재미 아니겠습니까?

그런데 여기서 주의할 점이 하나 있습니다. 인사철에는 모든 사람이 예민해져 있기 때문에 인사와 관련된 것이든 업무 및 개인 평가에 관한 사항이든 자기가 직접 보고, 듣고, 확인하지 않은 사항에 대해서는 절대로 '카더라'식으로 옮겨서는 안 된다는 것입니다. 카더라 정보에 회사가 휘둘리지 않지만, 그런 이야기를 하는 사람은 회사가 반드시 기억합니다.

예를 하나 들어 보겠습니다. A라는 사람은 누가 봐도 직장인으로서 모든 게 부족한 사람이었습니다. 그런데 어느 날 동료인 B가 관리하는 고객의 전화를 A가 무례하게 받아 회복할 수 없는 심각한 문제를 만들었습니다. 화가 난 직원 B는 자신의 고객에 대해 무례하게 행동한 A에 대한 비난 글을 회사 내부 정보망에 올렸습니다. 실명은 공개하지 않았지만 누가 읽어 봐도 A직원임을 알 수 있는 글이었습니다. 다음날 이를 알게 된 A는 B를 찾아와 글 삭제와는 별개로 명예훼손으로 고소하겠다고 말했습니다. 상황이 어떻게 될 것 같습니까? 회사 내부에서 올렸으니 정도의 차이는 있겠으나 A에 대한 비난 글을 올린 B는 명예훼손으로 고소당할 개연성이 아주 높아 보였습니다. 즉, 명명백백한 사실일지라도 공공연하게 타인의 잘못을 유포시키는 행위는 명예훼손에 해당됩니다.

직장생활을 하다 보면 일과 관련된 사항이든 사람에 관한 사항이든 여러 정보를 접하게 됩니다. 그런 정보를 취급함에 있어서 늘 주의를 기울여야 합니다.

제가 과장으로 근무하던 시절, 옆 부서의 부서장으로 관계사 고참 부장이 전배(같은 회사 내에서 직원의 보직이나 직종 등을 변경하는 것을 뜻함) 온 적이 있습니다. 당시 인사철이 되어서 인사부서에서 그 부서장에 대한 다면 평가를 하게 되었는데, 제가 그 부서장에 대한 다면 평가 면담자로 선정되었습니다. 평가 인터뷰를 하게 되었는데 저는 그 부서장에 대해 아는 정보가 거의 없었습니다. 관계사 동기와 후배들로부터 주워들은 몇 가지 정보뿐이었지요. 또, 업무적으로 그분과 자주 접촉했던 것도 아니었기에 인터뷰가 마음에 걸렸습니다.

그래도 저는 그 부서장에 대해 좋지 않은 내용의 진술 보고서를 올렸습니다. 제가 평소에 좋아하던 선배가 그 부서장에 대해 좋지 않게 이야기하는 것을 듣고는 용기를 내서 그런 보고서를 쓴 것입니다. 그때 저의 보고서를 본 인사팀 과장은 심각한 표정을 지으며 고개만 갸우뚱거렸습니다.

인터뷰가 끝나고 몇 주 뒤, 승진 인사가 발표됐는데 다행히 그 부서장은 저의 말도 안 되는 진술에 어떠한 영향도 받지 않고 보기 좋게 임원으로 승진했습니다. 그 후 그분이 저의 보고서 내용을 알고 있었는지 몰랐는지 알 수 없지만 저만 보면 무척 잘해 주는 통에 그분이 퇴직할 때까지 속으로 굉장히 미안해했던 기억이 있습니다.

이런 일화도 있습니다. 부서로 한 후배 간부가 전배 오게 되었는데, 평소 제가 존경하는 임원이 저를 불러 그 친구가 빠른 시간 내에 적응할 수 있도록 도와주라며 간곡히 부탁하였습니다. 저는 속으로 임원이 특별히 챙기는 것을 보니 진짜 좋은 친구가 전배 오나 보다 생각하며 크게 기대하였습니다. 기존에 근무하던 직원들에게는 새로 전배 올 친구가 건실하고 업무 추진력이 높은 인력이라며 칭찬을 아끼지 않았습니다.

그런데 그가 임원의 칭찬과는 완전히 딴판인 사람이라는 사실이 전배 온 지 3일 만에 드러나고 말았습니다. 그 친구는 전배 오자마자 눈살을 찌푸릴 짓만 골라서 했습니다. 전날 술을 마시면 다음날 아침에는 무조건 지각을 하고 또 근무시간에 딴짓하는 것으로는 타의 추종을 불허했습니다. 게다가 무엇을 시키든 '이건 이래서 힘들다', '저건 저래서 힘들다'라는 등 자기변명만 늘어놓았습니다. 임원의 부탁만 믿고 그를 훌륭한 직원으로 미리 소개했던 저는 난처한 지경에 처했습니다.

저는 그 임원이 왜 그렇게 그 친구를 좋게 보았는가 곰곰이 생각해 보았습니다. 자세히 보니 그 친구는 임원에게 보이는 자세와 동료나 부하 그리고 자기에게 득이 되지 않는 상사에게 보이는 자세가 아주 달랐습니다. 제가 그 친구의 실상에 대해 그를 추천했던 임원에게 이야기하면 그 임원은 절대 그럴 친구가 아니라는 말만 하며 그에 대한 평가 정보를 고치려 하지 않았습니다.

저는 그 일을 겪고 나서 결론을 하나 내렸습니다. 내가 보고, 듣고, 경험한 것이 아닌 사항, 특히 사람에 대해서는 함부로 평가를 내리지 말자는 것입니다. 그것은 저의 직장생활의 원칙이 되었고 부득이하게 사람을 소개할 때는 반드시 한두 번이 아닌 열 번 정도 고려하고 추천하게 되었습니다.

남의 단점은 그것을 타인에게 증명할 필요가 없기 때문에 안주거리로 삼기에 더없이 좋습니다. 게다가 재미까지 있습니다. 이야기하는 사람의 부정적인 발언에 힘을 실어 주는 맞장구까지 더해지면 더욱 신이 납니다. 하지만 우리가 그렇게 상대에 대한 험한 말을 할 때 상대 역시 우리에 대해 그런 말을 할 수 있음을 명심해야 합니다.

부서장 시절, 저는 각종 핑계를 만들어 직원들과의 술자리를 만들기로 유명했습니다.

"오늘은 동대문 밖에 사는 1호선을 타는 사람들 모여라."

"오늘은 파란색 들어간 넥타이 매고 온 사람 모여라."

"결혼한 사람 중 자녀가 있는 사람 모여라."

이런 식으로, 지금 생각해 보면 참 희한한 모임을 잘도 만들었습니다. 얼마나 말도 안 되는 핑계를 대고 우스꽝스런 모임을 자주 만들었는지 퇴근 무렵에 이런 지시를 내리지 않으면 직원들이 물었습니다.

"부장님 오늘은 모임의 건수나 주제가 없습니까?"

그러면 저는 또 외칩니다.

"건수가 생각나지 않으니 건수 개발 모임에 참가를 희망하는 사람들 모두 뭉치자."

이렇듯 줄기차게 모임을 만들고 여흥을 즐겼습니다. 이런 모임에서는 모임에 참석하지 않는 사람들의 이야기가 나오게 마련입니다. 그런데 그 말이 나중에 말도 안 되는 헛소문으로 번지기도 했습니다. 그래서 저는 모임의 중요한 지침을 하나 정했습니다.

"모임에 참가하지 않는 사람에 대해서는 어떠한 이야기도 하지 않는다."

부서장이 주선한 모임이지만 급히 구성된 모임이기 때문에 억지로 참석을 권할 수는 없었습니다. 언제나 선약이 있는 사람, 개인적인 사정이 있어서 늘 불참하는 사람이 나왔고, 참석 인원도 매번 바뀌었습니다. 그래서 저는 술자리에서 여담을 주고받을 때 불참자에 대해서는 비판은 물론 칭찬도 못하도록 하였습니다. 단, 반드시 칭찬해야 하는 경우는 1회로 한정하였습니다.

술자리에서 없는 사람 이야기를 하다 보면 맞장구를 쳐 주는 사람이 있게 되고 이런저런 이야기를 하다 보면 말이 말을 낳고 헛소문이 양산될 우려가 있기 때문에 절대 불참자에 대해서는 입에 올리지 못하게 한 것입니다. 그러다 보니 불참자도 자기만 빼고 모이는 술자리에서 자기 이야기가 나올까 전전긍긍하지 않아 부서 분위기는 더욱 좋아질 수 있었습니다.

그런데 저의 이런 모임을 싫어하는 부장이 하나 있었습니다. 저보다 직급이 아래인 그는 제가 급한 일이 있어 모임을 주선하지 못하는 날 자신이 모임을 주선하겠다면서 직원들을 모았습니다. 직원들은 그런 모임 자체를 별로 좋아하지 않는 사람이 모임을 주관한다니 신기해서 아마 그날 많이 참여했던 모양입니다.

그런데 다음날 아침, 예기치 않은 일이 전날 회식 자리에서 벌어졌음을 알게 되었습니다. 대체적으로 직장인들은 아침이면 전날 있었던 회식에 대해서 이런저런 이야기를 하면서 일과를 시작하는 경향이 있지요. 그런데 전날 그 모임에 나갔던 부서원 모두 뚱해 있기에 왜 그런지 물었습니다. 이유는 이렇습니다. 모임을 주관했던 후배 부장이 불참자의 단점을 자주 언급하기에 참석자 중 고참 과장이 "우리 모임에서는 타인에 대한 단점은 이야기하지 않습니다"라고 설명해 주었답니다. 그러자 이를 불쾌하게 생각한 부장이 참석자들과 언쟁을 벌였다는 것입니다.

그는 언젠가 제가 주관하는 모임에 나와서도 다른 이의 단점에 대해 말하려 하기에 주의를 주었더니 발끈하면서 언쟁을 벌이려 한 적이 있었습니다. 그때도 제가 서둘러 모임을 파했고 그 후 그 문제의 부장은 단체 모임에 끼지 못하고 결국 퇴직 전까지 내내 혼자 외부 사람들하고만 어울리게 되었습니다.

여러분도 조직을 활성화시킬 수 있고 모든 조직원이 즐겁게 동참할 수 있는 원칙을 세워서 모임을 추진해 보십시오. 중요한 것은 사람에 대한 이야기가 함부로 나와서는 안 된다는 것입니다. 모임에 참석하지 않은 사람을 소재로 이야기를 하지 않으면 부서 내 신뢰가 쌓입니다. 그리고 조직력이 커집니다. 한번 해 보십시오. 정말 그렇게 됩니다.

'타인의 허물은 자기 그림자에게도 이야기하지 말고, 칭찬은 지나가는 바람에게도 전하라'라는 말을 결코 잊지 마세요.

TIP

1. 사람의 입이 한 개이고 귀가 두 개인 이유를 깊이 생각해 보라. 남의 말을 잘 듣고 내뱉는 말은 삼가라는 뜻이다.

2. 자신이 직접 보고, 듣고, 느낀 것이 아니라면 누구에게도 말하지 말라. 당신도 다른 사람의 뒷이야기 소재가 될 수 있음을 기억하라.

3. 사람에 대한 평가나 이야기는 백번 생각하고 말하되, 짧게 끝내라.

경쟁이 아닌 협력을 위한
나만의 멘토 찾기

직장 안에서 친구 혹은 멘토mentor의 존재 여부는 직장인의 성공 여부를 결정짓는 여러 중요 요소 중 하나입니다. 그럼에도 불구하고 대개 직장인들은 이해관계가 희박한 신입사원 시절에는 상호 협조 관계를 잘 유지하던 친구나 동료들을 날이 갈수록 경쟁자로 인식하려는 경향이 있습니다. 이런 태도는 스스로에게 커다란 족쇄를 채우는 일과 다름없습니다.

어느 직장인이든 직장 내에서의 친구는 대개 입사 동기 또는 대학 동문들, 아니면 술과 담배 혹은 유흥을 함께할 수 있는 사람들을 말합니다. 그러나 제가 여기서 이야기하는 '친구'란 이런 일상적인 친구가 아닙니다. 직장생활에 진정으로 도움을 주고받을 수 있는 친구이자, 더 나아가서는 자신의 사회생활에 힘이 되어 줄 수 있는 그런 사람을 말하는 것입니다. 즉, 직장생활에서 알게 모르게 힘이 되는, 또 업무적으로는 자신이 크게 도약하는 데 디딤돌이 될 수 있는, 자신만의 업무 조력자를 이야기하는 것입니다.

회사 안에서의 친구나 조력자에 대한 이야기를 하기 전에 '관중管仲'과 '포숙아鮑叔牙' 이야기를 떠올려 봅시다.

기원전 785년, 제齊나라 양공이 피살되자 공자였던 소백과 규는 서로 군주가 되기 위해 치열한 암투를 벌였습니다. 그때 포숙아는 소백을 보좌하고, 관중은 규를 보좌해 자신들의 주군을 위해 싸움을 전개합니다. 권력의 전투에서 소백이 이끄는 진영이 이기자 소백은 포숙아를 내세워 반대파에 대한 피의 숙청을 추진했습니다. 특히 관중을 죽이려 한 것이지요. 이때 포숙아가 이렇게 말했습니다.

"임금께서 장차 제나라를 다스리시려고 한다면야 지금의 신하인 고혜와 저, 포숙아로 충분하지만 패왕이 되려고 하신다면 관중 없이는 안 됩니다."

관중의 목숨을 구해 준 것입니다. 더욱 극적인 것은, 포숙아는 관중을 추천하고 자신은 그 아랫자리에 앉으니 사람들은 관중의 현명함보다는 사람 보는 눈을 가진 포숙아를 더 칭송하였다고 합니다. 그 후, 두 사람은 제나라 환공이 춘추시대 첫 번째 패자의 지위에 오르는 데 결정적인 역할을 하게 됩니다. 앞에서 언급한 관중과 포숙아의 관계를 놓고 볼 때, '진정한 조력자'란 어떤 사람을 지칭하는 것인지 알 수 있을 것입니다.

신입사원이 직장생활을 시작하게 되면 주변인으로부터 제일 먼저 듣게 되는 이야기는 아마도 "모두가 경쟁자다"일 것입니다. 물론 맞는 말이기도 합니다. 하지만 이 말만 믿고 주변 사람 모두를 경쟁자로 삼고 살다가는 사회생활 전체를 망칠 수도 있습니다. 세상을 혼자 살 수 없듯이 회사 일도 자신 혼자 푸는 수학 공식이 아닙니다.

자신이 기획에서 설계는 물론 자재 발주까지 다 할 수 있는 능력의 소유자라면 얼마나 좋겠습니까? 하지만 그럴 만한 능력을 지닌 사람을 저는 이제까지 본 적이 없습니다. 때문에 회사 일을 함에 있어서 관련 부서의 도움은 절대적으로 필요합니다. 밑도 끝도 없이 경쟁자라는 인식을 갖고 업무에서 비협조적으로 동료 사원들을 대하면 그 손해는 전부 자기에게 돌아온다는 것을 잊어서는 안 됩니다.

동기 혹은 자신과 비슷한 경력을 가진 다른 조직 구성원을 대할 때, 그 구성원과 자신과의 관계를 일방적인 경쟁 구도로 해석하는 것은 옳지 않습니다. 그보다는 둘의 관계를 비디오와 오디오의 관계로 인식하는 게 더 나을 것입니다. 비디오와 오디오는 상호 보완 관계이지 절대 경쟁 관계가 될 수 없습니다. 규모가 작은 회사의 경우에는 신입사원 동기들이 같은 부서나 팀으로 함께 배치되는 경우가 간혹 있습니다. 하지만 대부분의 경우 동기들이 같은 부서로 동시에 발령 나는 경우는 그리 많지 않습니다. 동기들이 같은 부서에 몰려 있는 것은 회사 인력 운영상 바람직하지 않기 때문입니다.

입사 동기가 같은 부서에 함께 배치되는 경우 동기 간의 진급 문제와 업무 분장 문제로 우열을 조정해야 하는 일이 반드시 발생합니다. 이런 경우 동기를 경쟁자로 인식해 거리를 두게 되고 보이지 않는 경쟁 심리로 동기를 시기하고 곤란에 처하게 할 수 있기 때문에 회사 인력 운영에 차질이 생긴다고 보는 것입니다. 다시 말해 이유 없는 경쟁의식은 회사 차원에서 보면 에너지의 낭비로 간주됩니다.

제가 취직한 지 얼마 되지 않았을 때의 일입니다. 고참 주무대리가 '자금 집행 사후 처리'에 관한 문서 하나를 주면서 관리부서로부터 합의를 받아 올 것을 지시하였습니다. 주무대리로부터 처음 받은 업무 지시였기에 약간의 부담감을 갖고 해당 관리부서에 갔습니다.

다행히 그 부서에는 동기가 근무하고 있었습니다. 제가 찾아간 이유를 대고 누구에게 합의를 받아야 하는지에 대해 묻자, 동기는 제가 갖고 온 문건을 살펴더니 사용 금액 및 보고 시점의 문제로 인해 절대 합의가 될 수 없는 문서라고 말해 주었습니다. 그러면서 저를 작은 회의실로 데리고 가 그 문제를 해결하기 위한 조언을 해 주었습니다. 자신의 상사인 과장과 부장이 선호하는 스타일의 검토 보고서 양식은 물론 핵심 포인트에 대해 점검해 주었고, 그 조언을 반영한 결과 단번에 합의를 받아 낼 수 있었습니다.

내게 곤란한 문서를 합의 받아 오도록 지시를 내린 주무대리는 자신의 우려와는 달리 단번에 관리부서의 합의를 받아 오자 크게 놀라는 눈치였습니다. 모두들 저의 능력으로 합의를 받은 것으로 여기며 이후 관리부의 협조를 구해야 하는 일이 발생하면 제게 업무를 배당하였습니다. 그러는 과정에서 저는 부서에서는 없어서는 안 될 중요한 인물이 되었습니다. 다 동기 덕분이었던 것입니다.

직장생활을 하면서 만나는 경력이 비슷한 동년배를 '업무적인 친구'라고 보았을 때 '친구=소금'으로 정의하면 그 관계를 이해하기 쉬울 것입니다. 음식을 만들 때 소금이 너무 과하게 들어가면 음식이 짜서 제대로 먹을 수가 없지만 그렇다고 소금이 적게 들어가면 음식이 싱겁거나 쉽게 상해 잘 먹지 못하게 됩니다. 사내에 친구가 많으면 그 많은 친구들과 이래저래 엮여서 업무에 소홀해지거나 집중력이 떨어지게 됩니다. 반대로 친구가 적으면 직장인으로서의 재미나 업무 관련 중요 정보를 쉽게 수집할 수 없습니다.

직장생활을 하며 주변인들을 눈여겨보면 외향적인 조직원들은 만나는 사람과 지인이 많아 어느 자리에 가더라도 자신이 알고 있는 각종 정보를 이용해 대화를 주도합니다. 하지만 소극적인 직원들은 정보 부재와 업무적으로 만나는 사람들의 한계로 인해 다른 사람과 대화를 해도 자신감을 갖지 못하고 얼굴 표정도 그리 밝지 않습니다. 이처럼 회사 안에 많은 친구, 정보를 교환할 수 있는 인맥을 구축하는 데 노력을 기울이는 것이 정말 중요합니다.

여기서 인맥 쌓기를 위한 맥을 짚어 드리겠습니다. 사내 인맥 쌓기라고 하면 대개 자기와 동등한 수준의 인맥에 방점을 두는 경우가 대부분인데, 이 경우 인맥 쌓기 점수는 80점이라 평가할 수 있습니다. 적어도 자신보다 한두 직급 위에 있는 사람들과 교류하는 인맥 쌓기라야 진정으로 사내 인맥 쌓기에 성공한 경우로 평가할 수 있습니다.

제가 이런 주장을 하면 사람들은 대개 학교 동문이나 동향 사람 중에서 그런 인물을 찾으려 할 것입니다. 당연히 학연과 지연으로 맺어진 선배들은 후배들을 살뜰히 챙겨 주지만 그것은 인맥 쌓기의 범위를 스스로 한정시키는 일입니다. 완전히 다른 분야에서 자신에게 조언이나 도움을 줄 수 있는 지인을 찾는 것이 진정한 인맥 쌓기입니다.

예를 들어서 누군가 공대를 나왔으면 선배들 역시 공대 출신이 많은 개발실, 개발관리실 혹은 연구실 등과 같은 곳에 주로 포진해 있을 것입니다. 그 사람 역시 개발실에 근무할 확률이 높기 때문에 업무 외적인 시간에 선배들을 만나더라도 주고받는 대화 혹은 정보의 내용에는 한계가 있을 수밖에 없는 상황에 직면하고는 합니다. 이럴 경우 업무적인 도움은 확실히 받을 수 있겠으나 업무 외적인 도움을 받기는 거의 불가능해 보입니다. 자신이 개발실에 근무를 하고 있다면 자신의 업무와 전혀 관계가 없는 구매, 관리, 경리 등에서 멘토를 찾는 게 진정한 인맥 쌓기의 기본입니다.

그럼 어떤 방법으로 좋은 멘토를 찾을 수 있을까요? 답은 간단합니다. 직장생활을 하다 보면 혼자서 할 수 있는 일이 그리 많지 않기 때문에 필연적으로 관련 부서의 도움을 받을 수밖에 없습니다. 또, 관련 부서와의 회의도 상상 외로 많습니다. 따라서 그런 순간을 인맥 쌓기에 적절히 활용하는 것이 좋습니다.

자신에게 어울리는 선배나 동료를 발견하면 직간접적인 방법을 모두 동원해서 상대를 여러분의 멘토로 만드십시오. 특정 회의에서 만난 사람이 여러분의 친구나 멘토로 판단된다면 회의체를 매개로 한 업무적인 질문은 기본이고 개인적인 상담을 받는 기회도 만들어 보십시오. 그렇게 만나는 시간을 늘려 가면서 진정성 있는 대화를 나누는 게 정말 중요합니다. 그러다 보면 자신의 영역에만 갇혀서 생활하는 동기보다 직장생활에 도움이 되는 각종 자료를 더 확보하는 것은 물론, 새로운 분야에 대한 정보도 쉽게 얻을 수 있습니다.

제가 회사에 근무할 당시 옆 부서에 외국에서 태어나 그곳에서 대학을 나온 사원이 한 명 있었습니다. 점심시간에 세면장에 양치질하러 가면 꼭 만나는 친구였습니다. 양치질을 하면서 어떤 때는 장난도 치고, 업무에 대한 이야기도 하다가 어느새 친해지게 되었습니다. 그 사원은 시간만 나면 커피를 타서 저에게 찾아오거나 어떤 때는 복사를 하러 가다 들려서 이것저것 묻기도 하고 공개적으로 자문을 구하기도 했습니다.

그러던 어느 날 그가 잔뜩 풀이 죽어서 저에게 찾아왔습니다. 개인적으로 상의할 일이 생겼는데 자신은 외국에서 태어나고 자랐기 때문에 동문도 없고 그렇다고 딱히 상의할 사람도 없다는 것이었습니다. 그래서 그 문제를 저와 상의하고 싶은데 괜찮겠냐는 것이었습니다. 그 모습이 측은해 보여 상담에 응하게 되었습니다. 그날 제가 그 사원에게 회사의 경영 전망, 독서법, 친구 사귀는 법, 유관부서 업무 내용 등 신입사원이 쉽게 알 수 없는 내용을 꽤 많이 알려 줬던 걸로 기억합니다.

그날 이후 저는 그 사원의 멘토, 좀 더 정확하게 이야기하면 업무 지도자가 되었습니다. 그 친구는 힘 하나 안 들이고 경력도 풍부하고 사내 인맥도 완벽히 갖춘 고참 부장을 멘토로 얻은 것입니다. 우리는 어떻게 만난 사이입니까? 화장실에서 양치질하다가 만난 사이입니다. 이렇게 멘토를 얻는 기회는 의외로 우리 주변에 많습니다.

멘토를 만드는 또 다른 방법이 있습니다. 타 부서 혹은 타 사업부에 근무하는 동기생을 멘토로 발굴하는 것입니다. 그리고 자신도 그의 멘토가 되어 주는 것입니다. 본인도 바빠 죽겠는데 멘토는 무슨 멘토냐고요? 그렇게 생각한다면 회사에서 성장할 기회를 스스로 차 버리는 것입니다. 시간이 있건 없건, 바쁘건 안 바쁘건 짬을 내서라도 자신의 외연을 확대하려는 자세가 있어야 성장할 수 있습니다. 이 과정에서 중요한 것은 누군가를 멘토로 만들고 싶다면 먼저 자신도 누군가의 멘토가 될 수 있어야 한다는 것입니다.

마지막으로 저와 함께 근무했던 직원이 경험한 인맥 쌓기의 좋은 일화를 하나 소개하겠습니다. 부서 회식이 있던 어느 날이었습니다. 제가 다녔던 회사의 회식 문화는 119(1차에서 1가지 술로 9시까지) 혹은 112(1차에서 1가지 술로 2시간 이내) 스타일을 지향했기 때문에 회식은 대부분 일찍 종료되곤 했습니다.

그날은 회사 근처인 강남역 부근에서 회식을 했는데, 다른 부서 사람들까지 합류하여 많은 사람이 회식에 참가하다 보니 종료 시간이 평소보다 약간 더 늦어졌습니다. 평소 같으면 10시 전후로 회식이 종료되는데, 유독 그날만 12시 가까이 회식이 종료된 것입니다. 회식에 손님으로 참석한 사람과 대화를 마무리하고 집으로 출발하려고 보니 그새 12시 10분경이 되었습니다. 저는 막차를 타기 위해 버스 승강장으로 가고 있었는데 같은 방향으로 가야 할 사원 한 명이 평소와 달리 집 반대 방향으로 걸어가고 있는 것이었습니다.

"자네 집 방향은 반대 방향이 아닌가? 집에 빨리 가지 않고 어디를 가나?"

"약속이 있어서 지금 수원 가는 광역 버스를 타러 가는 중입니다."

"아니, 지금 몇 신데 이 밤중에 친구를 만나러 간다는 이야기인가? 그것도 수원까지…."

"수원에 있는 관계사에 다니는 입사 동기를 만나러 갑니다. 말단 사원이다 보니 이런저런 이유 때문에 정상적인 시간에 친구를 만나기가 어렵더라고요. 그래서 제가 밤 1시에 수원으로 내려가기로 했습니다."

저는 말문이 막혀 더 이상 이야기를 할 수 없었습니다. 수원에

산다는 그 친구는 제가 다니던 회사에서 과장까지 근무하다 가업을 이어받는다고 중간에 회사를 그만두었습니다. 그런데 사귀어 놓은 친구가 많아서 퇴직한 후에도 그 친구들 덕분에 사업에 많은 도움을 받는다고 했습니다.

이상 몇 가지 일화를 통해 실감하셨겠지만, 직장생활에서는 자신이 배운 전공도 중요하지만 대인 관계를 통한 조력자를 많이 만드는 게 매우 중요합니다. 다시 한번 강조합니다. 부장까지 진급하고 싶습니까? 그렇다면 진정한 친구나 멘토를 많이 만드십시오.

TIP

1. 회사 안팎에 자신의 친구나 멘토를 만들어라.

2. 자신보다 두세 단계 높은 직급의 인맥을 교류의 대상으로 삼아라.

3. 친구 만날 시간이 없다는 것, 바쁘다는 것은 모두 핑계다. 시간이 없으면 만들어서라도 친구를 만나라.

최대의
조력자

회사 안에서 자기 혼자 일하고 결정하며, 모든 일을 처리하는 개인이나 부서는 없습니다. 또한 어떤 조직이든 일부 특수 부서를 빼고는 반드시 경리·행정·총무·비서 관련 업무에서 일하는 직원이 꼭 한두 명씩 있습니다.

중요한 것은 어떤 일이든 해당 업무가 특화되어 있지 않은 이상, 그들 직원의 협조 없이 완성될 수 없다는 것입니다. 거꾸로 이야기하면 그 직원들에게 찍히면 되는 일도 안 되고, 심한 경우 출세에 지장을 초래할 수도 있다는 것입니다. 따라서 그런 일을 하는 직원을 '가을날 산속에서 불씨 다루듯' 아주 세심하게 대해야 합니다. 이들 직원과의 관계를 돈독히 하면 업무 효율이 높아지는 것은 물론, 남들은 쉽게 얻을 수 없는 별도의 정보도 손쉽게 챙길 수 있다는 점을 잊지 말아야 합니다.

이들 직원이 배치되어 있는 곳을 잘 살펴보면 주로 회사의 짱짱

한 정보가 모이는 곳입니다. 그러다 보니 이러한 부문에서 일하는 직원들은 대개 다른 직군에 있는 사원들보다 회사 돌아가는 정보에 대한 감각이 뛰어납니다.

예를 들면 비서직 직원들이 모시는 분들은 대부분 임원급이나 회사의 고위직에 있는 분일 것입니다. 그 비서들은 일반적으로 자신이 모시는 분의 공개된 일정은 물론, 사적인 대소사를 챙기는 일까지 맡아서 합니다. 예를 들면 업무에 바쁜 임원을 대신해서 임원의 부인이나 아이들의 생일 등을 챙길 수 있습니다. 또, 임원들의 병원 진료 예약은 물론 해외 출장에 따른 비행 스케줄 및 호텔 예약 등을 담당하기도 합니다. 이처럼 비서들이 임원을 위해 챙기는 것은 한두 가지가 아닙니다. 요즘 같이 비용이 투명하게 처리되는 사회에서는 손님 접대를 위해 들르는 음식점이나 골프장의 영수증까지 비서들이 처리합니다.

그러니 회사의 비서들은 자연스럽게 자신의 임원이 어디서 무엇을 누구와 하는지, 또 무엇을 좋아하고 싫어하는지 명확히 알고 있습니다. 그러니 그들이 바로 정보통이 아니고 누가 정보통이겠습니까? 굵직한 사건이 터지면 비서 혹은 운전기사부터 조사하는 이유가 다 이런 데 있습니다. 따라서 비서들을 단순반복적인 일을 한다고 폄하하거나 나와는 상관없는 사람이라며 관심 두지 않는 사원은 사내 정보 전쟁에서 이길 수 없습니다.

요즘 임원들의 비서직도 인력 회사 파견 직원을 쓰는 경우가 있습니다. 하지만 중요 임원의 비서는 웬만해서는 용역회사 인력을 채용하지 않습니다. 자체적으로 검증된 사내 정규 사원이나 별도의 인력을 선발해 운용하는 경우가 대부분입니다. 이렇게 하는 이유가 무엇인지 생각해 봐야 할 것입니다.

　또 한 가지 예를 들어 보겠습니다. 회사나 부서에서 어떤 일을 하고자 할 때는 반드시 경비와 자금이 필요합니다. 회사마다 경비를 처리하는 고유 프로세스가 있겠지만 대개의 경우 회사로부터 비용을 조달받기 위해서는 관련 문서 증빙 자료를 반드시 첨부해서 자금을 관리하는 부서에 제출해야 합니다. 그 사안이 특급 비밀이고 사장의 결재를 받았어도 마찬가지입니다. 그 이유는 간단합니다. 회사는 은행이 아니기 때문에 각 부서가 평소에 쓸 돈을 항상 준비하고 있지 않습니다. 아무리 적은 금액이라도 자금 소요 계획을 하루 혹은 주간 단위로 작성하여 회사가 쓸 자금 운용 계획을 수립하고 관련 부서에서 얼마의 돈이 언제 필요한지 그 이유와 사용처에 따라 우선순위를 정해 자금 집행을 준비합니다. 회사에 따라 다르겠지만 회사 규정상 돈을 청구하기 위해서는 반드시 증빙이 되는 품의서나 관련 지출 보고서를 첨부하는 게 일반적입니다.

　돈을 관리하는 부서의 직원들은 지불되어야 할 돈이 맞는지를 확인하기 위하여 반드시 해당 품의서나 보고서를 볼 것이며 경우에 따라서는 해당 내용을 숙지해야 하는 입장이 됩니다. 사장이 아무리 높다고 해도 세무적인 절차는 회계부서 담당자가 처리합니다. 자금을 담당하는 회계부서는 반드시 모든 내용을 알아야 비용을 정확히 계리할 수 있고 나중에 세무감사에도 대응할 수 있습니다. 따라서 회사 규모가 클 경우에 경리직 직원에게 높은 도덕성을 요구하는 경우가 많습니다. 또, 회사 규모가 일정 수준 이하인 경우는 경리 사원을 집안 식구 중 한 명이 맡아서 하기도 하는데, 다 이런 이유 때문입니다.

여러분도 가만히 생각해 보시기 바랍니다. 회사에서 보너스, 선물, 특별 이벤트가 있다는 것을 어느 부서 누가 제일 먼저 알고 회사 내에 전파하는지를 말입니다. 백이면 백, 자금을 집행하는 부서의 사원들일 것입니다. 빠른 진급을 목표로 하는 사원들이라면 정보가 모이는 비서와 경리 파트 직원들과 인간적인 네트워크를 잘 구축해 놓고 관리하는 일이 중요할 것입니다.

어쨌든 경리 파트에 일하든, 비서로 일하든 이 분야에서 일하는 직원들은 해당 회사의 최고 정보를 갖고 있는 사원들이며 어떤 형태로든 검증된 인물이라는 점을 명심하십시오. 그러니 그들과 긴밀한 유대 관계를 갖는 건 정말 중요한 일이겠지요?

> 1. 경리·행정·총무·비서 담당 업무 직원은 정보의 시작이며 끝이다. 평소에 그들과 돈독한 유대 관계를 유지해라.
> 2. 해당 업무 직원을 감동시켜라. 감동받은 만큼 당신에게 정보를 준다.
> 3. 해당 업무 직원을 무시하는 것은 회사를 그만두고 싶다는 뜻이다.

신입사원
맞춤 카드 사용법

　사회생활을 갓 시작한 신입사원들이 백이면 백 다 실패하는 것 가운데 하나가 어학 공부도 몸매 관리도 아닌 신용카드의 관리와 사용입니다. 요즘 회사에 입사하는 신입사원의 경우 중·고등학교 시절 외환위기라는 국가재난급 재정위기를 거친 세대입니다. 더구나 대학을 졸업할 무렵 유럽에서 시작된 금융위기까지 겪었습니다. 그래서 경제를 바라보는 시각이 다른 세대와 달리 긴축 쪽으로 많이 기울어 있습니다. 하지만 취직을 하고 정기적으로 들어오는 수입, 즉 월급이 생기면 어느 순간 절약의 신조가 확 무너지는 경우가 있습니다. 이런 현상의 원인은 대개 신용카드입니다.

　입사해서 1~2년 이내, 월급이라는 안정적인 수입원을 생기면 일부 사람들은 개구리 올챙잇적 생각 못하고 막 소비하기 시작합니다. 거기에 미다스midas의 손과 같은 신용카드라는 것을 손에 쥐게 되면 흥청망청 쓰기 시작합니다. 마치 자신이 과거에 절약하면서 겪었던 고통을 보상받기라도 하듯, 언제 내가 돈 때문에 고통스러웠던 적이 있느냐는 식으로 소비하기 쉽습니다.

대부분의 사람이 처음 사회생활을 시작하면 각종 자금 계획을 세워 알뜰히 살아 보려고 노력합니다. 하지만 일부 사람들은 절제하지 못하고 자신의 취미 생활이나 애인 또는 자신을 위해 많은 돈을 쓰는데, 대부분을 카드로 결제합니다. 이렇게 카드 사용이 늘어나면서 문제가 불거지는데, 특히 위의 세 가지 중 결정적 요인은 바로 애인에 대한 것입니다. 물론 사람마다 경우는 다릅니다.

재직 당시 제가 봤던 사원들의 행태를 돌이켜 보면 평범한 사원이라 할지라도 애인이 생기면 분수에 넘치는 행동을 하는 경우가 많았습니다. 선물을 산다든지, 비싼 식당에 가서 식사를 한다든지 등 상대에게 뭔가 더 잘해 주고 싶은 마음에서 무리하는 것입니다. 대개 결혼까지 생각하는 사이가 되면 소비의 규모가 합리적으로 바뀝니다. 하지만 아직 서로 탐색하는 시기에는 소비 수준이 급격히 높아지곤 합니다. 결과가 좋으면 뭐라 이야기할 것 없지만 별다른 소득 없이 헤어지게 되는 경우, 그동안 투자한 비용에 대해 입맛만 다시게 되어 안타깝기도 합니다. 또, 다행히 결혼까지 이른다 하더라도 둘 중 하나가 과도한 소비 때문에 생긴 빚을 안고 시작하는 것은 훗날 불화의 근원이 되기도 합니다. 그러니 연애를 하더라도 자신의 능력 범위 안에서 추진하는 것이 뒷날을 위해서 바람직합니다.

또 하나, 제가 다닌 회사에서는 보너스가 변동급으로 지급되었느데 사원들 중에는 그 보너스를 월급으로 착각해 자신의 월 생활비에 고정적으로 산입하는 경우도 있었습니다. 그런 계산을 바탕으로 자신의 생활 규모를 늘리는 사원은 정말 문제가 심각한 사람입니다. 즉, 자신의 월급이 200만 원인데 이것저것 공제를 하고 약 150만 원을 쓴다고 합시다. 여기에 정기 보너스가 상·하반기 120만 원씩 총 240만 원이 나온다고 보면 그 사원의 한 달 용돈은 150만 원에, 240만 원을 12개월로 나눈 20만 원을 합쳐 170만 원으로 보는 것이 정상입니다. 그런데 가끔 보너스가 나오는 달의 수령액인 320만 원이 통상 월급인양 소비하는 사람이 있다는 것입니다.

분명한 것은 돈은 마약과도 같다는 사실입니다.

쉽게 비유하면, 15평에 사는 사람이 30평으로 이사를 가서 한 2, 3년 살다 보면 다시 15평으로 돌아가기 어려운 것과 비슷한 얘기입니다. 30평 살면서 그 집 규모에 맞춰 각종 살림살이를 늘려 놨기 때문에 다시 작은 집으로 옮기기 어렵듯이 한번 늘린 용돈은 쉽사리 줄어들지 않는다는 사실을 잊지 말아야 합니다.

늘어난 용돈 규모를 감당하지 못한 사람들은 대개 갈림길에서 고민하게 됩니다. 하나는 월급을 좀 더 주는 기업으로 이직하는 것이고 또 하나는 금융권으로부터 융자받는 것이며 이도 저도 안 되는 사원들은 제2·3금융권까지 기웃거립니다. 제가 직장생활하면서 실제로 이런 사람들을 무수히 목격했습니다. 인생 자포자기로 살겠다는 사람이야 말릴 수 없지만, 그래도 회사 안에서 진급도 하고 자신의 꿈을 이뤄 보겠다고 생각하는 사람들은 그래서는 안 됩니다. 어느 회사든 풍족하지는 않지만 종업원들이 먹고 살 만큼은 월급을 준다고 생각하는 것이 좋습니다.

대부분의 사람들은 회사로부터 받는 돈이 적다고 생각합니다. 또 하루 빨리 뭔가를 이뤄 보려는 강박에 사로잡혀, 남에게 더 잘 보이고, 쓰고, 사고 싶어서 카드를 이용하게 됩니다. 물론 피치 못할 사정이 있어 카드를 쓰거나 융자를 받는 사람도 분명 있습니다. 하지만 그렇지 않은 경우, 자신이 가지고 있는 카드 매수와 자신이 가진 부채의 총량은 비례한다는 것을 명심해야 합니다. 자신이 가진 부채의 총량은 직장인으로서의 신뢰도와는 반비례한다는 점도 잊어서는 안 됩니다.

얼마 전에 화제가 되었던 리볼빙 제도Revolving system(신용카드 사용대금 중 일부만 갚고, 나머지 결제금액은 다음으로 돌려 갚아 나갈 수 있는 제도)가 있습니다. 카드 회사들이 제안하여 직장인들과 주부들을 현혹시켰던 상품입니다. 그 제도로 인해 이자 폭탄을 맞고 가계가 휘청였던 사람들이 많았습니다. 이 제도를 이용한 사람들도 어쩔 수 없는 선택의 기로에서 이 방식으로 자금을 운용했겠지요. 하지만 입에 우선 단 음식이 몸에 해롭듯이 달콤하게 들리는 돈과 관련된 금융권의 이야기는 여러분의 인생에 독이 될 가능성이 큽니다. 여하튼 돈은 자신이 지닌 만큼만 계획적으로 사용해야 합니다.

끝으로 그리스의 철학자 플라톤 이야기를 하나 하겠습니다. 그는 인간의 4대 덕목으로 지혜, 용기, 절제, 용기를 들면서, 그중에서도 특히 절제가 꼭 필요한 덕목이라 하였습니다. 절제란 본질에 가까워지는 것으로 현대에 적용하면 자신의 처지와 분수에 맞게 사는 것입니다. 쉽게 이야기해서 회사원이 100만 원을 벌면 그에 맞게 사는 것이 진정한 절제입니다. 이는 정의로운 사회를 이루기 위해서도 꼭 필요한 개념입니다. 이런 것이 제대로 지켜지지 않고 채무를 두려워하지 않아, 남의 돈을 빌려 쓰고 갚는 것을 소홀히 하다 보니 우리나라의 가계 빚이 심각할 정도에 이르게 된 것입니다. 다행히 그런 심각성을 자신과 직접적으로 관계된 일이 아니라고 무심하게 보는 사람은 별로 없습니다. 자신이 빚에 쪼들리고 빚더미에 올라앉는 일을 막으려면 신입사원 시절부터 절제하는 자세를 갖춰야 합니다. 또 그런 자세가 건실한 직장생활의 근원이 됨은 말할 것도 없습니다.

저의 경험에 비춰 직장인들이 자신의 월급을 계획성 있게 사용할 수 있는 방법을 한 가지 알려 드리겠습니다. 매년 월급이 상승하는 만큼 거기에 맞는 정기적금을 들면 좋습니다. 강제 저축이 아니면 돈을 모으기는 어렵습니다. 지금 당장은 주변 사람들로부터 짠돌이, 구두쇠라는 소리를 듣더라도 참고 저축하십시오. 그러면 조만간 그런 소리를 하던 사람들로부터 존경의 눈빛을 받게 될 것입니다.

다시 한번 말하면, 자신이 지닌 신용카드 숫자와 개인 부채는 정비례합니다.

1. 신용카드, 카드 현금 서비스와 금융권 융자를 마약처럼 대하라. 한번 빠지면 돌이킬 수 없다.

2. 자신이 지닌 카드의 매수와 개인 부채는 비례한다.

3. 짠돌이, 구두쇠라는 소리는 웃으며 넘기고 누가 뭐래도 매년 월급 상승분만큼 정기적금 혹은 예금을 들어라. 매년 월급 상승분만큼 정기적금이나 예금을 들자.

2장

업무하기 전
이것만은 놓치지 말라

개인 SNS를
바르게 사용하려면?

요즘 SNSSocial Network Service를 이용해 개인의 홍보와 소통을 시도하는 사람이 많습니다. SNS 활동을 통해 자신을 알리거나 불특정 다수와 인맥을 쌓는 것이죠. 어떤 사람들은 외로움을 달래고 세상으로부터 인정받으려 하거나 분노를 표출하는 창구로 SNS를 활용하기도 합니다.

SNS의 대표 주자라 할 수 있는 '페이스북Facebook'을 사용하는 사람은 전 세계에 11억 명이 넘습니다. 11억 명의 사용자가 올리는 글, 사진, 음원, 동영상 등 콘텐츠가 끊임없이 페이스북에 실립니다. 마치 불꽃놀이 폭죽처럼 화려하게 나타났다 사라지는 것처럼 보입니다.

한국직업능력개발원은 《THE HRD REVIEW》 16권 6호의 〈청년층의 SNS 사용 현황과 특성 비교〉라는 보고서에서 한국교육고용패널KEEP 4858명의 자료를 통해 20대 청년층의 SNS 사용 현황을 분석하였습니다. 그 결과, 청년층의 59.4%가 SNS를 이용하고 있었으며 1인당 사용 가짓수는 2.1개, 하루 평균 사용 시간은 1시간 7분이라는 보고가 나왔습니다. 또, 이들이 주로 사용하는 SNS는 페이스북(72.1%), 카카오 스토리(56.3%), 싸이월드(29.2%) 순이었습니다.

SNS의 이용 목적은 친목과 인맥 관리(69.8%)가 가장 많았고, 그 다음은 재미(13.3%)와 정보 교류(12.8%)를 위해 사용한다는 순서로 응답했습니다. 특히 '현재 행복한가?'라는 질문에 대해 SNS 사용자는 84.8%, 미사용자는 79.0%가 '행복하다'라고 응답했답니다. 한국직업능력개발원의 한 연구원은 "SNS를 사용하는 청년층이 미사용자와 비교해 좀 더 외향적·친화적·개방적이고 정서적으로 안정적인 성격을 지닌 것으로 나타났다"라고 말했습니다.

이런 점만 놓고 보면, SNS가 주는 긍정적인 측면이 많다고 생각될 수 있습니다. 하지만 개인은 물론 단체 생활을 하는 조직 구성원들은 SNS 활동에 특히 주의해야 합니다. 맨체스터 유나이티드 축구팀 前 감독인 알렉스 퍼거슨은 "SNS는 인생의 낭비다"라고 말했습니다. 회사원이라면 이 말의 깊은 뜻을 다시 한번 새겨 볼 필요가 있다고 생각합니다. 아마도 유익함도 많지만 그만큼 부작용도 많다는 뜻이겠지요.

한편, 요즘 젊은 세대는 자신의 인지도를 높이기 위해서 또는 새로운 친구를 찾기 위해 SNS에서 별의별 방법을 다 동원하기도 합니다. 그 대표적인 예가 바로 최근 인기를 끌고 있는 '먹방'이라는 형태의 개인 블로그입니다.

먹방이 증가하는 이유는 첫째, 자신의 존재감을 드러내고 싶기 때문입니다. 둘째, 같은 부류의 사람을 찾아 동질감을 느끼고 연대감을 이루려는 심리에서 기인한 것으로 추측합니다. 하지만 그러한 행동은 직장생활에는 전혀 도움이 되지 않는 무의미한 행동입니다. 더구나 회사의 입장에서 보면 회사 업무에 쏟을 에너지를 엉뚱한 데 낭비하고 있다는 느낌마저 갖게 됩니다. 그러니 개인 SNS에 몰두하는 사원을 고운 눈으로 볼 리 만무합니다.

재직 당시, IT분야에 해박한 지식을 지닌 신입사원 하나가 입사한 적이 있습니다. 그 사원은 출근할 때 항상 피곤하고 힘든 표정을 짓곤 했습니다. 신입사원이어서 업무가 어려운 것도 아니고 주어진 업무량이 많은 것도 아니었습니다. 저는 당시 부서장으로서 걱정되어 상당한 관심을 갖고 그를 관찰했습니다. 건강에는 문제가 없는지 혹은 개인적인 고민이 있는 것은 아닌지, 그렇다면 도움을 주려고 말입니다.

그런데 그즈음 우리 회사의 신제품과 관련된 기밀 사항이 SNS를 통해 인터넷 상에 유포되어 회사에서 큰 이슈가 된 일이 생겼습니다. 회사는 해당 내용의 상당 부분이 우리 회사의 직원이 아니고는 알 수 없다고 판단하고, 이 글을 올린 사람을 추적하였습니다.

그런데 며칠 뒤, 그 자료를 올린 사람은 바로 매일같이 힘든 모습으로 출근하던 우리 부서 신입사원이라는 것이 밝혀졌습니다. 그 사원은 회사의 제품과 기술 지식을 활용해 IT 신제품에 대한 의견을 개인 블로그에 게재하곤 했답니다. 우리 회사 제품은 물론 경쟁사 제품까지도 신제품의 발표 주기를 나름대로 판단해 자신만의 시각으로 평가한 내용을 올린 것입니다. 그 신입사원의 이야기에 따르면, 자신의 블로그를 방문하는 회원들의 기대를 충족시키기 위해 며칠 동안 밤을 새워서라도 기사를 만들었다고 합니다.

물론 그 사원은 회사에서 어떤 정보도 접하지 않은 상태에서 나름대로 자신만의 정보와 분석력을 바탕으로 곧 발표될 신제품에 대한 전망과 향후 전략 등을 썼다고 했습니다. 하지만 기사를 작성할 때 회사에서 알게 모르게 얻은 비밀이 배경에 깔려 있을 수밖에 없습니다. 그래서 회사에서는 순수하게 그 사원 자신만의 실력으로 그런 내용을 작성했다고 판단하지 않았습니다. 결국 회사는 아직 발표하지 않은 신제품의 정보를 이용해 대중적인 인기를 얻으려 했다는 이유로 그를 권고사직시키고 말았습니다.

신제품과 전혀 관계없는 일반인이 그런 내용을 올렸다면 문제가 되지 않았을 것입니다. 그러나 관련 직무에 종사하는 사람이 그런 내용을 종합 정리해 개인의 블로그에 올리다 보니 회사의 직무와 연관성이 있다고 판단했던 것입니다.

개인이 SNS를 하는 것은 자유로운 취미 활동이자, 생활의 일부이기 때문에 이를 잘못된 행동이라고 할 수는 없습니다. 그러나 이런 활동을 하기 원하는 사람이 있다면 반드시 업무와 상관없는 쪽으로 활동해야 합니다. 업무와 관련된 내용이 SNS에 올라오면 누구든지 자신의 직무를 이용해 얻은 정보를 활용했다고 판단할 수밖에 없기 때문입니다.

위와 같은 일화를 접하면 대부분의 사람들은 블로거가 대중적인 관심과 자신의 명성을 제고하기 위해서라면 회사의 정보까지도 이용할 것이라고 생각합니다. 본인은 그렇지 않다고 해도 같은 조직에서 근무하는 다른 인력들 또한 같은 시각으로 그 사원을 바라볼 수밖에 없습니다. 그런 시선을 받는 것은 직장생활에 절대 득이 될 수 없음은 당연한 일입니다.

또, SNS에 빠져 본 사람이라면 전부 공감하겠지만 자신의 블로그를 찾는 사람이 줄면 블로거들은 굉장한 상실감에 빠져 이를 만회하려고 안간힘을 쓰게 됩니다. 그런 경우 부득이 근무시간을 이용하거나 근무 외 시간에 하더라도 그 피로감으로 다음날의 업무에 지장을 주게 됩니다. 그러니 회사로서는 SNS 활동에 빠진 사원을 좋아할 리 없습니다.

어느 신문에 이런 칼럼이 실렸습니다. 영국의 문화인류학자인 옥스퍼드대 로빈 던바 교수가 1990년대 초 침팬지 원숭이 등 영장류 30여 종의 사교성을 연구하다가 대뇌의 신피질新皮質이 클수록 교류하는 친구가 많다는 사실을 알아냈다는 것입니다. 신피질은 대뇌 반구의 표면을 덮고 있는 층으로 학습, 감정, 의지, 지각 등 고등한 정신 작용을 관리하는 영역입니다. 인간의 경우 신피질의 크기를 감안할 때 긴밀한 친분 관계를 유지할 수 있는 사람의 수는 약 150여 명에 불과하다는 결론을 얻었답니다.

던바 교수는 오지에 남아 있는 원시 부족 형태 마을의 구성원이 평균 150명 안팎이라는 사실과 전투를 효과적으로 수행하기 위한 전투 부대의 인원이 200여 명이라는 사실도 밝혀냈습니다. 요컨대 아무리 발이 넓고 사교적인 사람이라도 온전한 친분 관계를 유지할 수 있는 사람 수의 한계는 150여 명이란 것입니다. 이를 '던바의 법칙Dunbar's number'이라고 합니다.

던바 교수는 이 법칙을 SNS에 적용해 보았습니다. 온라인상에서 친구 맺기를 활발히 하는 그룹과 보통 그룹에게 1년에 한 번 이상 연락하거나 안부를 묻는 긴밀한 관계의 친구와 어느 정도 소통하고 있는지를 조사해 본 것입니다. 그 결과, 두 부류 다 약 150여 명 사이에서만 긴밀한 관계를 유지하고 있었습니다.

온라인 SNS가 등장하면서 인간관계 구축 능력이 무한 확장될 수 있을 것이라는 기대를 뒤집는 결과입니다. 인터넷이 전방위로 확산되면서 우리 삶의 범위도 끝없이 커질 것으로 생각하기 쉽습니다. 머지않아 현실과 별도로 화려한 사이버 세상이 열릴 것으로 기대하지만 외연이 아무리 확장한다 해도 삶의 이치는 변하지 않습니다. 마음이 통하는 진짜 친구가 늘어나지 않는다면 숫자만 늘어나는 것이 무슨 의미가 있겠습니까?

수년 전 미국의 인터넷 매체 '슬레이트'라는 곳에서 인터넷만 보는 사람과 신문만 보는 집단을 각각 사흘 동안 해당 매체만 보게 하고 토론시킨 적이 있었습니다. 결과는 두 그룹에 비친 사흘간의 세상이 확연히 달랐다고 합니다. 인터넷 독자는 사실에 기인한 관심 분야 기사에만 눈이 갔고, 신문 독자는 관심이 있든 없든 신문에 게재된 전체적인 사항에 눈길을 주었습니다. 그 속에서 주요 사항을 확인하였기 때문에 세세한 것은 모를 수 있지만 전체를 꿰뚫고 있었던 것입니다. 눈으로 훑는 인터넷과 오감을 통해 읽는 종이 신문은 사고와 행동에도 달리 작용할 수 있다는 것을 실증적으로 입증한 결과입니다.

인터넷을 외면할 순 없지만 인터넷에 매몰돼선 생각하는 힘이 떨어질 수 있습니다. 일본은 몇 해 전, 전 국민을 대상으로 일본 부흥을 외치며 '메이지 유신을 낳은 에도시대의 독서력을 재현하겠다'라는 슬로건을 내건 적이 있습니다. 컴퓨터 화면으로만 세상과 접촉하려는 세대에게 '활자 읽기'를 강조한 이 슬로건은 시사하는 바가 크다고 할 수 있습니다.

SNS로 넓힐 수 있는 인간관계에는 한계가 있습니다. 또, 컴퓨터가 우리를 위로하는 데도 한계가 있습니다. 오히려 SNS에 빠지는 것은 실제 인간관계와 직장생활에 중대한 지장을 줄 수 있습니다. SNS의 구렁에서 헤매지 않도록 자신을 잘 관리해야 합니다.

1. 개인적인 SNS를 하려면 업무와 관련 없는 분야를 주제로 선택하라.
2. 부득이하게 블로그를 운영하더라도 방문자 수, 친구 맺기에 민감하게 반응하지 말라.
3. 업무 시간에는 절대 자신의 블로그에 접속하지 말라.

상사의 관심사에 집중하면
해답이 보인다

회사 안에서 직장 상사가 스티브 잡스라는 인물에 열광하는데, 본인은 스티브 잡스가 마음에 들지 않는다고 마이클 조던이나 빌 게이츠에 대한 이야기를 한다면 어떤 일이 벌어질까요? 일단 그런 직장인은 직장에서의 생활과 사내 소통이 힘들 것입니다.

이런 이야기를 하면 회사 상사에게 아부하라는 것처럼 들릴 수 있겠으나 그런 의미가 아닙니다. CEO나 상사의 관심거리에 동참해서 신경을 쓰다 보면 평소 간과하고 의미 없이 흘려보냈던 상사의 성격이나 가치관 등이 점차 보입니다.

요즘 같은 시대에 각자 자신의 개성에 따르면 되지 무슨 상사의 관심거리에까지 신경을 쓰느냐, 구시대적 발상이라고 이야기할 수도 있습니다. 하지만 상사나 선배의 성격이나 의식, 가치관 등을 정확히 파악한다는 것은 나중에 본인이 업무를 추진함에 있어 큰 도움이 됩니다. 그들로부터 업무적인 것은 물론, 업무 외적인 측면에서도 크게 인정받을 수 있는 좋은 발판이 될 수 있습니다. 평소에 상사나 선배가 즐겨 쓰는 용어나 관심사에 대해 파악해 놓으면 그들로부터 지시를 받은 일을 하거나 보고서 혹은 문서를 작성할 때 그들이 선호하는 단어나 예를 활용할 수 있습니다. 그러면 그 보고서가 효과적으로 받아들여지겠죠?

그렇다면 어떤 방식으로 상사나 선배의 주요 관심사나 가치관을 파악하는 게 가장 효율적일까요? 솔직히 말하면, 특별한 방법은 없습니다. 자주 그들과 자리를 같이해야 정확히 파악할 수 있는데 그리 쉽지 않을 것입니다. 그러나 틈틈이 생기는 만남의 자리에서도 그들이 즐겨 사용하는 단어나 관심 분야에 집중하면 금방 알 수 있습니다.

그래도 모르겠다는 분들에게 초단기 해결 방안을 알려 드리겠습니다. 공적인 자리든 사적인 자리든 한 번쯤 반드시 상사나 선배의 가족 이야기가 등장할 것입니다. 아니면 애완동물이나 운동 등 자신의 관심사를 이야기하기도 하겠죠. 여기에 결정적인 힌트가 있습니다. 이 경우에 그가 주요 화제로 제시하는 단어를 잘 기억해 두었다가 대화의 소재로 적절하게 사용해 보십시오. 당신은 그에게 아주 센스 있고 왠지 친근감이 드는 사원으로 각인될 것입니다.

물론 상사나 선배의 신상에 관한 것을 자신의 목적 달성을 위해 활용하라는 이야기는 아닙니다. 우리가 직장생활을 하면서 상사와 맺게 되는 대인 관계를 어떻게 하면 원만하게 유지하고 좋은 관계로 발전시킬 수 있느냐에 방점을 찍어야 합니다. 상사에게 아부를 잘하고 자신의 목적 달성을 위해 상사를 활용하라는 이야기가 아님을 명심하기 바랍니다.

상사의 형제 관계, 고향, 학교 등도 상사의 성향 내지는 가치관을 파악하는 데 필수 요소입니다. 제가 회사에 근무할 당시 모시고 있던 한 상사는 자신의 마음에 들지 않으면 관련 부서 혹은 부하직원 업무에까지 사사건건 개입하여 자기의 의견이 관철될 때까지 난리를 피우곤 했습니다. 도저히 말도 안 되는 사안을 갖고도 억지를 부리는 예가 많았습니다. 그가 왜 그럴까 고민하던 중 회식 자리에서 그의 과거사에 대해 우연히 듣게 되었습니다.

그는 섬 출신으로, 중학교부터 큰 도시로 진학해 줄곧 하숙하고 지냈던 모양입니다. 하숙생 시절, 하숙집 주인으로부터 알게 모르게 받았던 불이익과 상처가 그의 성격의 일부로 자리 잡았던 탓에, 자신에게 불리한 상황이 벌어질 것이라 예상되면 극단적인 분노를 표출하곤 했던 것이죠.

상사의 숨겨 있던 과거를 통해 성격을 파악한 후, 우리 부서는 상사의 옛 상처가 떠오를 만한 특정 사안이 발생하지 않도록 사전에 충분히 조율했습니다. 그 이후 상사와 저희 부하직원 사이에 큰 문제는 더 이상 발생하지 않았고 이전보다 부서가 더 화목해졌습니다. 상사의 성격 파악은 조직의 업무 달성은 물론, 부서 단합에도 큰 영향을 미친다는 것을 확인하는 순간이었습니다.

또 이런 일도 있었습니다. 가족 이야기 중 부인과 관련된 이야기만 나오면 흥분하는 부서장이 있었습니다. 자식들 이야기를 하면 조용조용하게 미소 짓던 분이 부인과 관련된 이야기에는 갑자기 흥분을 해서 부서 직원 모두가 당황한 경우가 많았습니다. 눈치 없이 그런 날 보고서를 올렸다가는 보고자는 물론이고 다른 사람까지도 보고 내용에 꼬투리가 잡혀 거의 패닉에 빠질 정도로 꾸중을 듣곤 했습니다.

그런데 어느 일요일, 고궁에 가족 나들이를 갔다가 그곳에서 우연히 자녀들을 데리고 나온 부서장을 만났습니다. 그분은 저와 함께 나온 제 아내를 보고는 인자한 미소를 지어 보였습니다. 평소의 그분과 많이 달라 당황해하고 있을 때, 그분이 조용히 내뱉는 혼잣말을 들었습니다.

"우리 마누라도 저렇게 가족과 함께 나오면 얼마나 좋아."

나중에 알고 보니 그의 부인은 특정 종교에 심취해 집과 종교 활동 외에는 다른 활동은 거의 거들떠보지도 않았답니다. 그렇다 보니 '부인'이라는 단어만 나와도 그렇게 흥분했던 것입니다. 이런 사정을 파악한 부서원들은 부서 내에서 의도적으로 다시는 '부인'이라는 단어를 꺼내지 않았습니다. 회사를 그만둔 지금, 그분 부부 사이가 좋아졌는지 가끔 궁금해지곤 합니다.

그 외에도 관련 부서의 유사 보고서나 자료는 물론 상사가 즐겨 보는 신문이나 잡지 등에 난 기사 중 관심 분야를 정리해 놓으면 보고서를 작성할 때 활용하여 상사의 눈길을 끌 수 있습니다. 일종의 금상첨화 전략이라고 할까요.

늘 최종 결정은 바로 직속 상사가 하기 때문에 해당 과제를 함께 하는 부하직원은 상사가 정확한 판단할 수 있도록 충실히 보좌해야 합니다. 즉 회사 내외에서 수집 및 활용이 가능한 제반 데이터를 정확히 제공할 의무 내지는 책임이 부하직원에게 있는 것입니다. 그래야만 상사가 다양한 각도에서 생각하고, 정확한 판단을 할 수 있기 때문입니다. 이는 매우 중요합니다. 특히, 대표이사의 월례 말씀이나 주요 회의 자료 등과 같이 회사의 전체 현안을 알 수 있는 자료라면 더할 나위 없이 중요합니다.

예를 들면, 특정 제품의 판매량 예측이라는 과제(기업에서는 대체적으로 특정 목적을 지닌 프로젝트를 부서장이 고참 사원에게 지시를 내리면 신입이나 하급 사원이 보조 역할을 하는 경우가 대부분이다)에 대해 상사로부터 관련 자료를 조사하는 업무를 부여받았을 때, 단순히 상사가 지시하는 부분에만 신경 써서는 안 된다는 이야기입니다.

사안에 따라 다르겠지만 어떤 업무 지시를 받든지 일단 지시받은 과제는 무조건 완수하는 게 제1원칙입니다. 그리고 해당 제품 및 유사 제품의 경쟁사 현황에 대한 조사도 병행합니다. 해당 제품이 계절의 영향을 타는 제품이면 기상 예측 자료를 준비하고, 구매 부문에 확인해서 자재 조달 전망은 물론 경쟁사 동향과 함께 최근 몇 주간 관련 기사까지도 검색하여 많은 정보를 상사에게 제공해야 합니다.

한번 생각해 보십시오. 상사가 지시한 것만 해 오는 부하직원과 지시한 과제는 물론 관련되는 여러 자료까지 함께 가져오는 부하 중 어느 부하를 더 믿고 좋아하겠습니까? 주어진 일도 바빠 죽겠는데, 뭔 쓸데없는 자료까지 확인하고 파악하느냐고 반문하는 사람도 있을 수 있습니다. 그런 생각을 하는 사람은 자신이 속한 조직에서 오래 살아남을 수 없습니다.

여러분은 그저 단순히, 어쩔 수 없다는 식으로 일해서는 절대 안 됩니다. 이런 생각과 행동은 자신과 조직을 위해서 좋지 않은 행동이며 이렇게 사는 사람들은 빨리 자신의 거취를 재결정하는 것이 더 좋은 길입니다.

1. 상사의 관심사는 주요 부서 회의록 등을 보면 알 수 있다.

2. 상사의 관심사를 가족 관계, 취미 생활, 사회 관심사 등으로 나눠라.

3. 상사의 형제 관계나 혈액형 등 사소해 보이는 것도 감안하고 접근하라.

부단히 읽고,
꾸준히 써라

요즘 기업들이 강조하는 경쟁력의 최우선은 바로 '속도'와 '소통' 그리고 '창의'입니다. 제가 근무했던 회사는 웬만한 보고는 구두 혹은 메모로 하였습니다. 별도의 보고서가 필요한 특정 사안이 발생하지 않는 한 어떠한 업무라도 주요 사안만 간략하게 보고했기 때문에 보고자의 부담이 그리 크지 않았습니다.

별도의 보고서가 반드시 필요하더라도 빠른 의사 결정을 위해 '1매 Best, 2매 Better'라는 원칙을 세워 두기도 했습니다. '보고를 위한 보고' 혹은 '형식에 치우치는 보고'를 금지했기 때문에 보고서 작성 시간은 물론, 최종 의사 결정권자의 판단 시간을 상당히 단축할 수 있었습니다. 그 결과, 보고받는 사람도 핵심 사항만 보고를 받기 때문에 빠른 시간 안에 상황을 정확히 파악할 수 있어 일석이조였죠.

과거 어떤 상황을 보고하거나 결과를 보고할 경우 실질적인 업무 내용보다는 보고서 만드는 데 더 많은 시간과 노력을 기울였던 시절도 있었지만 많은 시행착오를 거치며 오늘에 이르렀습니다.

물론 메모 및 구두 보고도 도입 초기에는 상당한 시행착오가 있었던 건 사실입니다. 보고자는 자신의 성과를 최대한 부풀려 상급자로부터 칭찬과 격려를 받거나 혹은 자신을 충분히 알릴 수 있어야 하는데 그런 것이 불가능해져 거부감을 갖기도 했습니다. 또, 보고를 받는 사람도 결과 위주의 간략한 보고서가 올라오니 중간 경과 사항에 대한 정보가 부족해 중간 과정을 알 수 있는 상당량의 백데이터를 요구하는 경우도 많았습니다. 메모 보고서라는 A4용지 반 장만한 별도의 인쇄 서식이나 A4용지 한두 장에 특정 사안의 보고 내용을 모두 담는다는 것은 어느 정도 연륜이 있거나 업무에 정통하지 않으면 결코 쉽지 않은 일이었습니다. 그래서 처음에는 보고자든 보고를 받는 상사든 모두 괴로워했지요.

아무튼 메모 및 구두 보고의 생활화는 개인 및 회사 측에 상당한 효율을 가져온 게 사실입니다. 이런저런 문제점을 보완했고, 또 CEO의 강력한 집행 의지가 있었기에 단시간 내에 이 제도가 사내에 정착될 수 있었습니다. 이처럼 보고를 간소화한 덕에 회사가 경쟁력을 갖게 됐다고 생각합니다.

보고의 주제에 따라 보고서 내용의 전개 순서가 달라지겠지만 대체적으로 보고의 순서는 배경, 진행 경과, 결론 및 보고자 의견 등으로 구성됩니다. 이 내용들을 어떻게 A4용지 한두 장에 다 담을 수 있겠습니까? 때문에 보고의 질을 높이고 첨부되는 백데이터의

양을 줄이기 위해 생각해 낸 것이 바로 평소 업무 시간에 상사와 보고자 간에 끊임없이 의사소통을 하는 것이었습니다.

보고자 입장에서는 업무의 경과를 상사에게 수시로 보고하여 최종 보고 시 첨부해야 하는 백데이터를 생략할 수 있고 문서의 양도 줄일 수 있습니다. 또, 최종 결재권자는 수시로 소통되는 대화 속에서 자신의 의사를 전달할 수 있기 때문에 업무의 결과가 자신의 의견과 전혀 다른 방향으로 가는 것을 막을 수 있습니다. 이런 경우 최종 보고가 간략히 구성되어도 별 문제가 없지요.

그렇더라도 최종 보고자는 과제나 보고가 종결되면 그에 관련된 문서를 남겨 두어야 합니다. 훗날 업무에 참고하기 위해서 혹은 감사를 위해서라도 해당되는 문서나 내용을 어떤 형태로든 남겨 놓아야 하는 것입니다. 그래서 보고자는 기본적으로 자기 업무에 정통하여야 함은 물론 보고서의 질을 높이기 위한 글쓰기 연습을 평소 게을리해서는 안 됩니다.

요즘 신입사원들이 가장 어려워하는 부분은 바로 보고서 작성의 기본인 글쓰기입니다. 글을 전문으로 쓰는 사람은 아니지만 개인적인 생각으로는, 글쓰기 실력을 향상시키는 기본적인 방법은 끊임없는 독서와 신문 읽기입니다. 이와 더불어 직장인에게 추천하는 방법은 선배나 상사가 남겨 놓은 보고서를 열심히 읽는 것입니다.

간혹 글쓰기에 거부감이 있는 사원들이 "인터넷을 뒤지면 다 나오는데 무엇하러 글을 쓰느냐"라고 반발하기도 합니다. 하지만 그렇지 않습니다. 모든 회사 업무가 자동화되어 있다고는 하나 최종

적으로는 보고자 자신의 생각과 조사 결과는 문서화되어 윗사람에게 올라가고 기록으로 남습니다. 그러니 기업의 입사를 목표로 준비하는 사람이라면 반드시 심도 깊은 독서와 함께 글쓰기 연습을 권합니다.

신입사원의 경우 독서, 글쓰기 연습, 그리고 보고서 연구를 어떻게 하는 것이 좋을까요?

먼저 글 쓰는 습관에 대해서부터 말씀 드리겠습니다. 신입사원 대부분이 인터넷이 생활화된 세상에 살다 보니 한자어는 물론이고 한국어 맞춤법도 제대로 모르는 사람이 많습니다. 이 문제가 현재 기업의 새로운 고민거리로 떠오르고 있습니다. G세대(1988년 서울올림픽을 전후로 태어난 미래지향적 사고방식을 가진 세대를 일컬음)라고 불리는 요즘 입사자들은 인터넷의 영향으로 언어 파괴가 상당히 심한 상태에 처해 있습니다.

언어 파괴의 몇 가지 경우로는 첫째, 철자법에 맞지 않게 소리 나는 대로 적거나, 감정 상태 혹은 감탄사나 다양한 표정들을 특수 문자로 표현합니다. 둘째, 얼핏 봐서는 도무지 의미를 알 수 없는 특수 문자를 빈번히 사용하고, 컴퓨터 자판의 숫자와 기호들을 조합한 여러 문자를 사용하는 것이 습관이 되어 신입사원들의 어휘력이 나날이 감소하고 있습니다. 이는 기업뿐만 아니라 당사자 개인에게 커다란 문제입니다. 좋은 기업에 입사해서 자신의 꿈을 펼치고 싶은 취업 준비생이라면 기업이 이런 걱정을 하지 않도록 자신이 무엇을 준비하고 공부해야 하는지 스스로 잘 판단하기 바랍니다.

이번엔 글쓰기 능력을 키우는 데 대해서 말씀 드리겠습니다. 회사 일을 하면서 별도의 작문 연습을 한다는 것은 쉽지 않습니다. 회사가 작문 연습하는 곳도 아니고 문필가를 만드는 곳도 아니기 때문에 특단의 방법이 필요합니다.

가장 효율적인 방법은, 소속 부서에서 만든 보고서 및 관련 부서에서 전달받은 각종 보고서를 끊임없이 읽어 보는 것입니다. 관련 보고서의 탐독이 본인의 글쓰기 실력 향상과 무슨 연관성이 있는지 의문이 들 수도 있을 것입니다.

앞에서 언급했지만 회사에서는 신입사원이 들어오면 빠른 시간 내에 업무 능력을 향상시키고 실무 적응력을 높이기 위해 OJT라는 것을 실시합니다. 그러나 OJT에서는 실무를 세세히 모르는 신입사원에게 이론적인 것만 특화시켜 강조할 수밖에 없습니다. 그래서 교육받는 입장에서는 무료하거나 뜬구름 같은 이야기가 될 수 있습니다. 또, 짧은 기간에 여러 업무를 교육받기 때문에 일정 시간이 흐르면 몇몇 부분은 잊게 됩니다. 물론 실제 업무를 하면서 문제에 부딪히면 OJT 당시 배웠던 내용이 어렴풋이 생각날 수도 있지만 회사 전체의 업무를 이해하기는 쉽지 않습니다. 그런데 OJT 직후 선배들이 작성한 각종 보고서와 관련 부서로부터 통보된 문서를 가지고 공부를 하면 글쓰기는 물론 회사 전체의 업무를 이해하는 데 큰 도움이 됩니다. 요즘엔 기업이 보안을 강조하기 때문에 신입사원이 관련 문서를 보고 싶어도 쉽게 접근할 수 없는 게 현실입니다. 그럴 경우 먼저 선배들에게 회사 업무 학습에 필요한 관련 자료를 추천해 달라고 부탁하여 공부할 자료를 얻는 것도 좋은 방법입니다.

신입사원이 공부한다고 자료를 요청했을 때 이를 거절할 상사나 선배는 없습니다. 이렇게 얻은 자료나 문서는 굉장히 소중한 자산이 되니 시간을 쪼개서라도 열심히 공부해야 합니다. 이 과정을 거치다 보면 부서에서 추진하고 있는 업무의 맥락과 업무별 핵심 키워드를 알아낼 수 있습니다.

어느 조직이라도 생활해 보면 업무적인 것이든 비업무적인 것이든 정보라는 이름으로 접할 수 있는 자료가 상당히 많습니다. 본인이 공유를 원했건, 원하지 않았건 상관없이 오지랖 넓은 동료 사원들이 일방적으로 전송하는 경우도 있습니다. 대부분의 사람은 이런 자료를 그냥 쓰레기 정보 정도로 취급해 버립니다. 그러나 신입사원들은 그런 정보에 대해서도 생각을 달리 가져야 합니다. 일단 어떤 자료든 자신이 수신하면 1차적으로 자료의 제목, 발신 부서와 발신자를 눈여겨보고, 2차적으로는 수신 자료의 제목으로부터 수신 자료의 특징까지 주목해야 합니다. 신입사원의 경우 무엇이 중요하고, 무엇이 활용 가치가 있는 자료인지 당장은 선별하기 어렵습니다. 그러니 우선 보기에 수신된 자료가 불필요하고 효용 가치가 없어 보여도 일정 기간 별도의 디렉터리를 만들어 보관하는 습관을 기르십시오. 업무에 어느 정도 연륜이 쌓이면 어떤 형태로든 자신의 업무에 참고 자료로 활용될 수 있기 때문에 자료를 무조건 삭제하는 것은 바람직한 행동이 아닙니다.

내용에 의심이 가는 메일이나 스팸성 메일은 당연히 지워야 합니다. 하지만 업무와 연관이 있는 파일은 별도로 저장해 두었다가 일정 주기로 열람하면서 삭제 여부를 결정해야 합니다. 이 과정에서 업무와 연관된 주요 키워드를 찾아내는 연습을 해 보기 바랍니다. 그러면 자신의 부서에서 만든 보고서에서 찾은 키워드와 관련 부서에서 보내온 문서에서 찾은 키워드를 자신의 보고서에 활용할 수 있습니다. 그렇게 하면 질적으로 우수한 보고서를 만들 수 있겠죠? 꼭 실천해 보시기 바랍니다.

마지막으로 팁 하나를 드리자면, 이런 자료들을 보내 준 발신자에게 고마움을 표시하는 것은 향후 자신의 업무 진행을 위한 좋은 태도입니다.

> 1. 글쓰기는 직장인의 기본이다. 부단히 노력하고 준비하라.
> 2. 자신의 실력을 하루라도 더 빨리 키우고 싶다면 각종 보고서를 접해 보라.
> 3. 소속 부서와 관련 부서의 보고서에서 업무 키워드를 찾아내 보고서에 적극 활용하라.

진정한 리더는
2인자부터

　우리는 어려서 누가 장래 희망을 물으면 보통 대통령, 장군 등과 같이 주로 높은 자리에 있는 사람으로 대답했습니다. 부모의 영향을 받아 그랬던 것인지는 몰라도 대답은 천편일률적이었지요. 회사에 입사해 역시 같은 질문을 받게 되면 임원, 사장 등과 같이 폼 나고 남들이 크게 우러러볼 수 있는 리더의 자리를 거론하는 데 주저하지 않았습니다.

　물론 조직의 장이나 조직의 대표, 즉 리더가 되는 것은 분명히 좋은 일입니다. 하지만 분명한 것은 그보다 먼저 훌륭한 조직원이 되어야 한다는 것입니다. '훌륭한 조직원'을 거치지 않고서는 '훌륭한 리더'가 될 수 없음을 잊지 말아야 합니다.

　요즘 출간되고 있는 각종 처세서나 자기계발서들을 보면 거의 리더가 되는 방법론적인 이야기에만 열을 올리고 있습니다. 그러나 정작 가장 중요한 리더의 필수 조건인 훌륭한 조직원이 되는 방법에 대한 것은 좀처럼 찾아볼 수 없습니다. 이는 마치 아무런 공부도 하지 않고 좋은 학벌과 스펙을 쌓으려는 것과 같은 어리석은 행동입니다.

그럼 훌륭한 조직원이란 어떤 사람을 이야기하는 것일까요? '리더'란 누가 시켜서 되는 것도, 자기가 하고 싶다고 되는 것도 아닙니다. 이 땅에는 너무도 많은 리더 후보가 있습니다. 이 글을 읽는 여러분마저 조직의 리더가 되고자 애쓰나요? 과감히 말하겠습니다. 그렇게 하지 마십시오. 조직에서 최고의 리더가 되려 하지 말고 그보다 먼저 훌륭한 직원이 되기 위해 무엇을 할 것인가에 대해 진지하게 고민해야 합니다.

여기서 질문을 한 가지 하겠습니다. 스티브 발머, 조지 마셜(前 미 국무 장관), 닥터 왓슨(소설 《셜록 홈스》속 셜록 홈스의 파트너). 이들의 공통점이 무엇이라고 생각하십니까? 이들은 조직의 유능한 2인자였다는 점입니다.

스티브 발머는 빌 게이츠와 함께 마이크로소프트를 오늘날 최고의 기업으로 만든 인물입니다. 마이크로소프트의 前 임원인 에이드리손 킹이 과거 〈포브스〉라는 잡지와의 인터뷰에서 그에 대해 "마이크로소프트는 빌 게이츠 없이도 경영될 수 있지만 스티브 발머의 성공하려는 노력 없이는 살아남을 수 없었다"라고 말했습니다. 이것은 무엇을 의미하는 것일까요?

전후 미국의 경제 부흥을 이끈 조지 마셜은 제 2차 세계대전으로 피폐해진 국가 발전을 위해 '마셜 플랜'을 입안한 직업군인 출신의 경제 관료입니다. 그는 아이젠하워 대통령 밑에서 나라를 굳건히 재건하는 데 일조한 인물이지요. 닥터 왓슨은 추리소설 속의 가공인물이지만 명탐정 셜록 홈스의 멋진 파트너였습니다. 이들은 자신과 함께하는 1인자의 자리를 더욱 빛나게 만드는 역할을 했다는 공통점을 갖고 있습니다. 그들이 있었기에 그들이 몸담았던 조직이 빛나고 더욱 굳건해졌습니다.

한 가지 더 묻겠습니다. 여러분이 조직원으로서 자신의 위상이 공고해지는 자리를 택하시겠습니까, 아니면 조직이 영원해지는 자리를 택하시겠습니까? 한 직장을 오래 다녀 본 결과 제게 이런 신념이 생겼습니다. 바로 '사람은 유한하지만 조직은 영원해야 한다'라는 신념입니다.

먼 훗날 여러분의 자손들이 "할아버지(할머니)는 젊어서 어느 회사에 다녔어요?"라고 질문했을 때 "할아버지(할머니)가 다녔던 회사는 망해서 이제는 없어졌어"라든가 "지금은 법정 관리 중인데 조만간 파산해서 없어질 것 같아"라는 대답을 해서야 되겠습니까? "네가 지금 즐겨 사용하는 제품들을 만드는 회사가 할아버지가 다녔던 회사다"라고 대답할 수 있다면 얼마나 자랑스럽겠습니까? 앞서 제가 던진 두 번째 질문의 답은 명확합니다. 훌륭한 조직원이란 바로 자손에게 자신이 다녔던 회사를 자랑스럽게 말해 줄 수 있는 사람입니다.

그럼 그런 훌륭한 조직원이 되기 위해서는 무엇을 어떻게 해야 할까요? 어느 조직이든 조직이 잘되기 위해서는 바로 리더의 역할이 무엇보다 중요하다는 것은 두말할 필요 없습니다. 리더가 주어진 목표를 달성하기 위해 한 방향으로 조직을 이끌 수 있도록 조직원은 리더의 방침과 지시에 적극 따라 줘야 합니다.

하지만 어느 조직이든 조직 구성원들은 십인십색十人十色의 성향을 보이기 때문에 말처럼 조직의 구성원들을 한 방향으로 통솔하기란 어렵습니다. 바로 이럴 때 리더가 요구하는 한 방향으로 나아갈 수 있도록 조직원을 추스르고 다독여 줄 역할을 할 사람이 필요합니다. 리더가 아닌 다른 누군가가 말입니다.

여러분이 활동할 조직은 단체 마라톤에 참가한 팀과 같습니다. 공동의 목표를 달성하기 위해서는 리더의 역할도 중요하지만 팀 전체를 아우르고 한 방향으로 나아갈 수 있도록 독려하고, 밀어주고 이끌어 주는 역할을 하는 조직 속의 또 다른 2인자가 필요합니다.

현대는 그 어느 시대보다 치열한 경쟁의 시대입니다. 이런 일들을 해내기 위해 리더뿐만 아니라 조직 속에서 팀을 위해 마음을 다해 전력할 협력자들이 절대적으로 필요한 시기이기도 합니다. 우리는 훌륭한 조직원이 되기 위해 로마 정치가이며 웅변가인 마르쿠스 툴리우스 키케로Marcus Tullius Cicero의 말을 되새겨 볼 필요가 있습니다.

"최고를 열망하는 사람에게 2등은 결코 불명예가 아니다."

이 말에서 키케로가 이야기한 2등이란 바로 조직의 2인자를 의미하는 것이 아닐까 합니다.

저는 여러분에게 리더를 확실하게 보필할 수 있는 조직의 '책사策士'가 될 것을 강력하게 권합니다. 그것이 훌륭한 조직원이 되는 지름길입니다. 책사는 '남을 도와 꾀를 내는 사람'을 일컫는 말입니다. 중국의 춘추전국시대에 여러 나라에서 제후를 위하여 정책이나 전략을 제시하던 지식인들을 가리키는 말이기도 합니다. 한漢나라에서 유방을 보필한 장량張良, 유비의 군사 제갈량諸葛亮도 모두 책사에 속한다고 할 수 있습니다. 또 조선 태조 이성계를 도운 정도전鄭道傳, 태종 이방원의 하륜河崙, 세조의 한명회韓明澮도 이와 같은 인물입니다.

훌륭한 리더가 되기를 원한다면, 먼저 훌륭한 조직원이 되어야 합니다. 훌륭한 2인자를 넘어 1인자를 성공시키는 책사가 되도록 노력해 보세요. 이 과정에서 자신의 실력과 능력을 키워 나가다 보면 가만히 있으려 해도 조직 또는 주변에서 여러분을 조직의 최고 리더로 인정할 것입니다.

TIP

1. 훌륭한 리더를 꿈꾼다면 먼저 훌륭한 직원이 되자.

2. 조직의 2인자가 되는 것은 '2보 전진'을 위한 '1보 후퇴'가 아니라 '3보 도약'을 위해 내실을 다지는 것이다.

3. 훗날 자랑할 수 있는 조직을 만들기 위해 스스로 무엇을 해야 할지 고민하는 조직원이 되자.

잘못된 보고는
상상 이상의 재앙을 부른다

제목만 보아도 여기서 무엇을 이야기하려는지 금방 파악하였을 것입니다.

직장생활을 하다 보면 누군가 순간의 위기를 넘기기 위해 또 자신의 공적을 부풀리기 위해 '허위 보고'의 유혹에 빠지는 경우를 접하게 됩니다. 특히 진급을 눈앞에 두었거나 혹은 특정 사건의 파장으로 불가피하게 관련자의 징계가 예상될 경우 해당자는 일단 어떻게든 위기의 순간을 넘기고 싶어 합니다. 징계를 받더라도 그 수위를 낮추고자 별의별 아이디어를 짜내곤 하는데, 시간이 없을 때 누구나 가장 손쉽게 접근하는 가장 저급한 방법이 바로 '서류 조작' 내지는 시간과 관련된 '알리바이 조작'입니다.

사회에서도 그렇지만 군대에서의 허위 보고는 더욱 중차대한 문제입니다. 전력戰力의 낭비는 물론 자칫 크나큰 전투력의 소모를 가져오기 때문입니다.

제가 군 생활하던 당시 이야기입니다. 어느 날 타 부대에서 장교 한 명이 전입을 왔는데, 처음에는 성실한 복무 자세와 장교들 사이에서의 강한 친화력으로 인기가 많았습니다. 심지어 '왜 저런 유능한 장교가 우리 부대로 갑자기 전입 왔지?'라는 의구심이 들 정도로 생활이 완벽했습니다. 그런데 그의 그런 행동은 3개월도 안 돼 모든 게 가식이었고 거짓이었다는 것이 들통났습니다. 군수품을 빼돌리지를 않나, 툭하면 허위 보고를 해서 부대에 비상이 걸리게 하질 않나, 저런 사람이 어떻게 대한민국의 장교가 되었을까 의심될 정도였습니다.

하루는 군단에서 보안 점검을 하러 나온다는 전통문을 받고 점검을 준비하고 있었습니다. 그런데 갑자기 그 장교가 들어와서 방금 전에 검열단이 나왔는데 자기가 위병소 앞에서 잘 이야기해서 돌려보냈다는 것이었습니다. 보안 검열 관련 통신 소대장인 저와 대대장은 의심이 갔지만 장교가 거짓말을 할 리가 없을 것이라 생각했습니다. 반신반의하면서 작전 장교의 지인을 통해 군단 검열단에 전화로 문의해 보았습니다. 그 결과 검열 자체가 취소되어 검열단이 우리 부대 위병소 근처에 온 적도 없다는 이야기를 들었습니다.

전화 한 통이면 다 확인되는 사항까지 대놓고 거짓말을 하는 그는 아주 질이 낮은 못된 장교였습니다. 제 버릇 남 못 준다는 격으로 거짓말을 일삼다가 결국 다른 부대로 또다시 쫓겨 가듯 전배 갔던 기억이 납니다.

개인적인 견해로 우리 민족에게 돌이킬 수 없는 허위 보고가 두 가지 있다고 생각합니다. 하나는 임진왜란이고 다른 하나는 한국전쟁 시 발생한 한강 다리 폭파입니다.

임진왜란은 당파 싸움의 결과, 국익보다는 파당의 이익을 위해 허위 보고를 하는 바람에 일어난 전쟁입니다. 또, 한강 다리 폭파 사건은 남진해 오는 북한군에 대항하지 못해 정부를 수원으로 옮긴 상태에서 서울 시민을 상대로 허위 보고를 한 사건입니다. 그 결과 수많은 서울 시민이 목숨을 잃고 곤경에 빠지게 되었지요.

최근 벌어진 최대의 허위 보고는 국민의 가슴에 대못을 박은 세월호 사건입니다. 세월호 선원은 배가 기울어 침몰 직전까지 갔는데도 "배 안이 더 안전하니 별도 지시가 있을 때까지 배 안에서 대기하라"라고 허위로 말했습니다. 자신들은 도망가면서도 수많은 어린 생명은 참혹한 죽음을 맞게 한 사건입니다. 이 한 사건만 봐도 허위 보고의 결과가 얼마나 무서운 것인지를 우리 모두 알 수 있습니다.

본론으로 돌아와서, 회사에서는 보고해야 할 상황이 많습니다. 일반 업무 보고, 상황 보고, 시장 현황 보고, 시장 반응 보고, 경쟁사 동향 보고 등 업무 종류에 따라 보고가 다양하며 내용 또한 천차만별입니다.

그렇다면 직장생활에서의 보고는 왜 그렇게 중요할까요? 저의 직장 경험으로 볼 때, 업무 성격과 지시 내용에 따라 보고해야 하는 이유가 다르겠지만 대체적으로 회사 보고는 관리자 및 경영자의 올바른 판단을 위해 추진하는 행동입니다. 회사에서의 보고는 현재의 시장 상황과 소비자의 선호도, 경쟁사의 영업 추진 전략 등 매순간 판단을 내려 조직원이 빠르게 대응할 수 있도록 정보를 제공합니다. 따라서 보고의 생명은 '정확성'과 '신속성'이 되어야 합니다. 자료가 정확해야 상사는 정확한 판단을 내릴 수 있습니다. 그런데 기초 자료를 제공하는 단계에서 허위 보고를 할 경우 나타나는 결과는 상상 이상의 재앙이 될 수도 있습니다. 내용의 중요도에 따라 파생되는 결과는 다르지만 그 재앙이 조직과 조직원들에게 돌아온다는 것은 분명한 일입니다.

신입사원 시절 누구나 가장 많이 저지르는 실수는 바로 보고의 타이밍을 놓치는 것입니다. 어떤 상황이 발생하면 업무 지식과 실무 경험이 적은 직원들은 대체적으로 문제를 회피하여 그 순간을 모면하기에 급급합니다. 그래서 위기의 순간을 문제로 바라보지 않고 묵살해 버리거나 아예 문제를 덮어 버리려는 경향을 보이는 게 일반적입니다.

그런데 조직원이라면 누구라도 시작과 끝을 명확히 하기 위해 반드시 확실한 보고를 해야 합니다. 특히 문제 발생이 예견되거나 발생할 경우는 두말할 필요 없고, 자신이 알고 배운 사항과 다른 사항이 전개되면 무조건 보고를 해야 합니다.

회사 업무를 하는데 항상 밝고, 좋고, 아름다운 일만 일어나겠습니까? 당연히 그렇지 않습니다. 직장생활을 하다 보면 크고 작은 문제가 발생하는 게 정상입니다. 그렇기 때문에 문제가 발생할 경우, 이를 해결하고 좀 더 나은 결과를 도출하라고 대리도 있고 과장도 있으며, 팀장도 있는 것입니다. 그러니 신입사원은 문제에 맞닥뜨리면 절대 당황하지 말고 있는 사실 그대로를 상사에게 보고해야 합니다. 보고의 적당한 때를 놓치면 안 됩니다.

회사는 전쟁터입니다. 전쟁을 하는데 장수에게 제때 올바른 보고가 올라가지 않으면 전쟁에 질 가능성이 큽니다. 여러분의 허위 보고와 뒤늦은 보고로 여러분의 부대가 패전의 나락으로 떨어지게 할 수는 없지요. 여러분도 보고의 타이밍과 신속성 그리고 정확성을 늘 염두에 두길 바랍니다.

TIP

1. 목표 달성에 실패한 직원은 용서받으나, 허위 보고를 하거나 보고의 시기를 놓친 직원은 용서받지 못한다.

2. 허위 보고는 직장생활을 '종'치겠다는 의미다. 절대 꿈도 꾸지 말라.

3. 조직은 보고로 시작해 보고로 끝난다. 보고를 생활화하라.

공권력 조사를 저급한
애사심으로 방해하지 말라

회사에 근무하다 보면 별의별 일을 다 겪게 되지요. 어떤 때는 자신이 속한 회사가 여러 법률적 조항에 의해 국가 및 지방 자치단체는 물론, 여타의 공권력에 대해 위법을 저지르는 경우도 발생합니다. 이런 경우 사실 확인이나 준법 여부에 대해 조사를 받을 수 있습니다.

이런 경우 외부에 있는 사람들이 해당 기업을 바라보는 보편적인 시각은 조사 대상 업체를 문제 업체 또는 부도덕한 업체로 보는 것입니다. 이렇게 부정적인 인식이 강하기 때문에 사실 여부를 떠나서 조사 대상 업체로 선정되는 것 자체가 기업 입장에서는 커다란 부담이 될 수밖에 없습니다.

그러나 기업 조사 권한을 가진 기관에서 기업체를 조사한다고 할 때는 문제점을 사전에 예방하거나 어떤 특정 사실에 대한 확인 차원에서 조사하는 경우가 대부분입니다. 따라서 조사를 많이 받는 업체라고 해서 반드시 부도덕하거나 법규 상습 위반 업체라고 미리 단정 지어서는 안 됩니다.

기업을 조사하는 공공기관 중 대표적인 곳은 공정위(공정거래위원회)나 관세청, 국세청 등입니다. 그런데 최근에는 위 기관을 포함하여 다양한 기관에서 기업을 조사합니다. 경제 환경과 거래 관행이 복잡해지면서 기업들의 탈법행위도 교묘해지고 많아지다 보니 생긴 현상입니다.

먼저, 재직 당시 기업들에게 있어 '경제 검찰'로 불리던 공정위와 관련되는 사항을 예로 들어 보겠습니다. 과거 공정위는 관련 법률이 만들어지기 전까지는 기업에게 그 존재 가치가 미미했습니다. 그런데 기업 활동 관련 법률인 '독점규제 및 공정화에 관한 법률'이 제정되고 공정위에 조사 권한과 벌칙(제재금) 부과 권한이 부여되면서 기업에게 공정위는 저승사자와 같은 존재가 되었습니다.

특히 여러 분야에 진출하고 있는 대기업들은 해당 법률의 중요성에 대한 인식이 높아지면서 공정위를 소위 경제 검찰로 인식하게 되었습니다. 이제 기업들은 공정거래법을 지키기 않으면 공권력으로부터 심각한 제재를 받는 것은 물론, 불공정한 기업이라는 오명을 쓰게 되었지요. 그래서 기업 이미지 제고 차원에서라도 기업 스스로 법을 준수하려고 각고의 노력을 하고 있습니다.

여기서는 기업에 많은 영향을 미치고 있는 공정위 관련 업무를 중심으로 설명하겠습니다. 공정거래법의 원래 명칭은 '독점규제 및 공정거래에 관한 법률(특별법)'입니다. 이를 평범한 말로 고쳐 부르면 약자 보호법이라 할 수 있습니다.

이 법률에서 파생되어 나온 세부적인 법률을 살펴보면 소비자기본법, 제조물책임법, 소비자생활협동조합법, 표시광고법, 전자상거래소비자보호법, 방문판매법, 할부거래법, 약관규제법, 하도급법, 가맹사업거래법, 대규모유통업법 등 총 열한 개의 법률이 있습니다. 이들 법률은 대부분 대기업 및 그에 준하는 기업에 적용되는 법률입니다. 그러나 간혹 하도급법(하도급이란 도급받은 건설공사의 전부 또는 일부를 다시 도급하기 위하여 수급인이 제3자와 체결하는 계약을 말한다) 같이 대기업이 아닌 기업에도 적용되는 법률이 있습니다. 최근에 제약회사들이 과도한 리베이트(지불대금이나 이자의 일부 상당액을 지불인에게 되돌려주는 일 또는 그 돈)를 건넨 건으로 조사를 받는다는 뉴스가 언론에 자주 나오고 있습니다. 이런 제약회사는 대기업이 아니지요. 그래도 공정거래법을 위반하면 과태료 혹은 과징금을 부과 받습니다.

대체적으로 공정위에서 기업을 조사하게 되면 조사 이유와 조사 목적을 명시한 공문과 함께 조사관들에게 제출될 자료 목록과 제출 일정을 적시해 해당 기업에 사전에 공문으로 요구합니다. 그러면 대개의 기업들은 다음과 같은 방식으로 조사를 준비합니다.

첫째, 관련 부서를 소집하여 해당 공문을 보내온 이유를 세밀히 점검합니다. 문제가 되는 사항을 점검하여 조사 방향이나 조사 목적을 예측해 대응 준비를 합니다.

둘째, 자료 준비와 병행하여 조사 공문을 보낸 해당 기관의 인사와 인연이 있는 사내 인력을 수배하여 조사 방향에 대한 정보를 수집합니다. 해당 부처의 출입 담당이 있을 경우에는 당연히 그 직원을 활용합니다.

위와 같은 방법은 대체적으로 아주 정상적인 기업들이 구사하는 대응 전략입니다. 이런 일련의 과정을 준비하다 보면 문제점이 드러나기 시작하는데, 간단한 문제는 원칙적인 대응이 가능하지만 대개의 문제는 그리 단순하지 않아 곤란한 경우가 발생합니다.

공정위에서 해당 기업에 조사와 관련된 공문을 보내올 때는 아무 근거나 이유 없이 조사 관련 서류를 제출하라는 명령을 내리지 않습니다. 해당 기업에 대한 상당한 정보와 위반했다고 판단되는 증거에 의해 주도면밀하게 방증 자료를 수집하고, 이를 바탕으로 조사 계획을 수립해 공문을 보내온다고 보면 정확할 것입니다. 다시 말해, 국가 기관이 괜히 특정 기업의 행태가 마음에 들지 않는다고 함부로 조사 업체를 선정하고, 누구의 부탁이라고 조사 업체에서 빼 주지 않는다는 것입니다.

공문을 받은 대부분의 기업체는 처음에는 경제 검찰인 공정위가 보내온 사항에 대해 점검하여 만반의 준비를 합니다. 정상적인 기업이라면 공문서를 받는 순간 자신들이 무엇을 잘못해 왔고, 어떤 처벌을 받을 수 있다는 개략적인 사항을 이미 알고 있습니다. 그래서 이를 정면 돌파하고 처벌을 되도록 최소화하기 위해 나름대로 대비책을 세웁니다.

하지만 어떤 변명과 이유를 이야기해도 공정위가 수긍하기 어렵고 정상참작이 어렵다고 판단되면 해당 기업체에서는 고민하기 시작합니다. 특히, 조사를 받게 된 해당 부서의 책임자가 인사이동 시기가 되면 더욱더 고민에 빠집니다. 다시 말해 조사로 인해 회사에 불이익은 물론 악영향을 끼칠까 노심초사하는 것인데, 이럴 경우 업무 담당자는 더욱 피곤해집니다.

발견된 문제 유형에 따라 다르겠지만 조사 시 발견될 예상 문제로 인해 업체가 고민하게 되면 결국 업체가 선택하는 방법은 관련 자료의 파기 및 위·변조 등의 고려입니다. 문제를 최소화하기 위해서는 이것이 가장 쉬운 일이라고 판단하기 때문입니다. 그러나 이는 아주 안일하고 문제 있는 판단입니다.

자료를 파기하거나 위·변조를 하는 행동은 손바닥으로 하늘을 가리는 것과 마찬가지로 아주 어리석은 행동입니다. 그런 행동은 발견될 경우 조사를 받는 기업에 치명적으로 작용하여 기업에게 족쇄가 될 수 있습니다. 또한, 자료의 위·변조나 파기로 그 순간을 모면하기도 어렵고, 오히려 그런 행동을 하는 순간 조사를 나온 국가기관에 주도권을 넘겨주게 된다는 점을 분명히 인식해야 합니다.

자료라는 것은 어느 일정 기간, 일정 부분을 파기 혹은 위·변조를 해서 처리할 수 있는 부분이 아닙니다. 문제가 발생하기까지의 일련의 과정은 여전히 남아 있기 때문에 결과만을 이야기하는 자료의 위·변조 및 파기로 조사의 위기를 넘길 수는 없습니다.

문제가 발생되어 곤란한 지경에 이르면 조사 기업들은 위에서 언급한 두 번째 방안 실행에 돌입합니다. 즉, 인적 네트워크를 확인해 조사 기관의 인력과 소통할 수 있는 사내 인력을 발굴하는 것입니다. 대개의 경우 고시 합격 동기 혹은 동문회, 향우회 등을 활용합니다. 그런데 조사 기관에서 한 명만 나와서 조사를 하면 모를까 공정위의 경우는 예닐곱 명(사안에 따라 다르지만 최소 세 명)이 한 팀을 이뤄 조사를 나오기 때문에 한두 명을 안다고 해서 조사에 대응할 수 있는 것은 아닙니다. 물론 그런 방법으로 위기를 넘길 수 있을 것이란 판단은 오산입니다.

간혹 조사를 받다 보면 해당 회사의 임원들이 공명심에 불타 공정위 고위층과 이야기가 될 만한 상위 부처의 높은 직급을 가진 사람의 이름을 거론하기도 합니다. 그러나 이는 조사에 역효과만 낼 뿐 회사 입장에서는 아무런 도움이 되지 않습니다. 또 조사 나온 조사팀도 내부적으로 업무 분장이 철저하기 때문에 절대 조사 요원 몇 명 안다고 해서 조사관 전체를 기업의 입장에 맞게 설복시킬 수 없음을 알아야 합니다.

조사 시 대상 회사와 대응 인력들에게 가장 중요한 것은 '진정성'입니다. 대부분의 회사는 수검 담당자를 회사에서 해당 업무를 가장 잘 아는 사람으로 내세워 대응합니다. 그런데 일부 회사는 업무와 관련도 없는 공명심에 불타는 임원이나 소위 말하는 말발깨나 좋은 임원이 나서서 수검 업무를 진두지휘하기도 합니다. 그런 경우 문제가 불거지면 도저히 수습이 어려운 방향으로 갈 가능성이 아주 크기 때문에 지양해야 합니다.

수검 담당자로 선정된 사람은 수검 과정에서 파악되는 문제점을 회사 누구보다 잘 알고 있기 때문에 해당 조사를 통해 원천적으로 회사의 문제점을 바로잡는 계기로 만들어야 합니다. 단순히 조사만을 위한 조사, 수검 대응만을 위한 수동적인 처신은 해당 회사는 물론 해당 수검자의 미래에 암운을 크게 드리우게 한다는 것을 잊어서는 안 됩니다.

　수검 기업과 수검 담당자들이 추가로 알아야 할 것이 있습니다. 공권력을 행사하는 사람들은 조사 기간 동안 합리적인 소명이 이뤄지지 않으면 명확한 근거와 증거 등으로 조사 과정에서 드러난 의심을 절대 거두지 않습니다. 뿐만 아니라 조사 기간이 완료되어 철수를 하더라도 결코 포기하지 않고 부가적인 자료를 더 요구하기도 합니다. 또 드러난 문제를 그냥 덮는 경우, 그 문제가 부메랑이 되어 해당 공무원 자신의 책임으로 돌아올 수 있기 때문에 공무원들은 절대 덮고 넘어가지 않습니다.

　저는 수십 년간 공권력의 조사 최일선에서 수검 업무를 담당했던 경험을 가지고 있습니다. 과거 여러 기업이 일으킨 조사 방해 사건의 면면을 살펴보면 기업 나름대로의 여러 타당한 이유가 있어 조사를 방해했다고 생각합니다. 기업이 억울함을 해명하는 과정에서 조사 기관과의 작은 인식의 차이로 사소한 오해가 발생할 수 있고 그것이 조사 방해로까지 인식될 수도 있습니다. 또, 일단 조사 결과가 언론에 발표되면 조사를 받는 기업은 기업 이미지에 치명타를 입기 때문에 무리한 행동으로 조사관을 막으려 하다가 일어난 사건일 수도 있습니다. 하지만 억울한 것은 법과 절차로 풀어야 합니다. 순간적인 애사심으로 조사를 방해하는 어리석은 행동을 해서는 안 됩니다.

조사를 방해하는 일은 당초 기업이 의도했던 목적을 달성하는 것은 고사하고 법의 심판까지 혹독하게 받게 되는 결과를 초래합니다. 저급한 애사심이든 의도하지 않았던 행동이든 그 어떤 행동도 조사관들에게 조사 방해로 비춰져서는 안 됩니다. 이는 기업에게 절대 득이 되지 않습니다.

수검 업무를 오래하다 보니 간혹 다른 회사에서 근무하는 지인이나 친구가 찾아와 제게 조사 대응 업무의 고충을 토로하기도 했습니다. 어떤 회사의 경영자나 관련 임원들은 수검 요원들을 독려하면서, 조사 과정에서 나타나는 적발 건수가 최소화될 경우 수검 요원들에게 어떤 보상을 하겠다고 암시하는데 그럴 때마다 수검 요원들은 상당히 곤혹스러워했다는 이야기를 들은 적도 있습니다. 하지만 이는 조사를 잘 받기 위한 회사 차원의 립 서비스에 불과할 뿐 조사가 원만히 종료되었다고 수검 요원에 대해 추후 보상을 하는 경우는 거의 없습니다. 만에 하나 수검 요원들의 활약으로 조사가 원만히 종결되었다고 하더라도 그들의 활약을 기억하는 회사나 회사 임원은 없다는 것을 기억할 필요가 있습니다. 따라서 회사를 위한다고 저급한 애사심을 발휘해 조사 방해에 동참하거나 주도적 역할을 하겠다고 나서서는 안 됩니다. 만일 조사를 받게 되면 오히려 회사의 오랜 병폐나 관행을 개선하는 기회로 삼겠다는 의지를 다지는 것이 좋을 것입니다.

회사는 조사를 방해했다고 회사를 위해 공헌한 사람으로 인정해 주거나 회사 정문 앞에 공덕비를 세워 주지 않습니다. 오히려 이것이 역효과를 내서 사회문제가 되었을 때는 회사의 명예를 실추시켰다고 징계할 뿐, 회사도 수검 업무를 진두지휘했던 임원도 자신의 이력에 오점을 남기는 나쁜 기억을 만들려 하지 않는다는 것을 잊어서는 안 됩니다.

그러면 회사가 조사 시 문제화될 수 있는 포인트에 대한 이슈를 최소한으로 줄이도록 수검 대응할 것을 지시하거나 담당자에게 그에 상응하는 무거운 책임을 지우려는 행동을 요구할 때 수검 담당자는 어떻게 대처하는 게 가장 좋을까요? 저의 경험에 비춰 보았을 때 가장 좋은 방법은 법과 양심에 따라 부끄럽지 않게 행동하는 것이었습니다.

물론 이것이 말처럼 쉽지 않다는 것을 잘 알고 있습니다. 이를 슬기롭게 대처하는 몇 가지 구체적인 방법이 있습니다. 조사받을 때 회사의 문제 포인트나 개선을 희망하는 분야에 대해 사전에 조사관에게 관련 정보를 흘려주는 것도 하나의 방법입니다. 이는 수검 담당자와 가장 잘 통하는 조사관이나 조사 책임자에게 조사와 관련된 세부 조사 일정을 조율하는 과정에서 자연스럽게 나오도록 하는 것이 좋습니다. 진정성 있게 회사의 문제를 제공하는 수검 요원에게는 추후 회사로부터 곤란한 일을 당하지 하도록 조사관들이 보이지 않게 배려한다는 것도 유념하기 바랍니다.

다시 한번 강조합니다. 회사나 상사가 문제점을 최소화한다고 회사의 문제점을 은폐하거나 조작하라는 이야기를 할 경우 여러분은 저급한 애사심에 도취되어 그에 무조건 따라서는 안 될 것입니다. 정직이 최선의 방법임을 잊지 마세요.

TIP

1. 모든 공권력의 조사에 법과 양심에 위배되지 않는 자세로 대하라.

2. 공권력의 조사를 당신의 회사와 업무가 발전하는 계기로 만들어라.

3. 조직 안의 어느 누구도 당신을 보호하거나 위하지 않는다. 스스로 바른 길을 걷는 것이 당신과 당신의 조직이 살아남는 최선의 길이다.

끝나지 않은 연결고리,
퇴직자

몇 년 전부터 우리 사회에서 '사오정'과 '오륙도'라는 단어가 나오기 시작했습니다. 이 단어들은 유럽발 금융위기 이후 '베이비부머 은퇴'라는 말로 모양만 바뀌어 직장인들을 위협하고 있습니다.

모두 알다시피 '베이비부머Baby boomer'란 한국전쟁 직후인 1955년부터 가족계획정책이 시행된 1963년까지 태어난 세대를 말합니다. 이들은 입시와 취직에서 이전의 어느 세대보다 가장 치열한 삶을 살아온 세대입니다. 이들의 나이는 이제 고작 50대 중·후반입니다. 요즘 같은 100세 수명 시대에는 어디 가서 많다고도, 적다고도 내세울 수 없는 어중간한 나이입니다.

샐러리맨에게 있어서 퇴직은 현실이며 눈앞에 놓인 운명입니다. 자신의 회사가 아닌 이상 또 자신의 회사라 할지라도 언젠가는 일을 놓고 퇴직해야 합니다. 정년으로 회사에서 퇴직하느냐 아니면 여타의 사정에 의해 중도에 직장을 떠나느냐 정도의 차이만 있을 뿐 누구나 자신이 몸담았던 조직을 떠나야 한다는 것은 자명한 이치입니다. 다시 말해, 지금 신입사원이라 하더라도 일단 회사에 발을 들여놓는 순간부터 퇴직을 바라보고 있는 것입니다.

기업의 성격에 따라, 퇴직 인력과 회사 혹은 회사 구성원과의 연결고리가 탄탄한 기업과 그렇지 못한 기업으로 나뉩니다. 퇴직 인력과 사이가 안 좋은 기업은 퇴직 전 그가 누렸던 권한 혹은 직무상 정보를 가지고 부정이나 불필요한 청탁을 할 수도 있기 때문에 그러합니다. 또, 퇴직 후 발생할 수 있는 불건전한 거래나 후임자에 대한 압력이 작용하는 것을 막기 위함도 있습니다.

하지만 이는 '구더기 무서워 장 못 담근다'라는 식의 생각입니다. 이러한 생각은 회사를 위해서나 사회를 위해서나 큰 낭비이자 손실이 아닐 수 없습니다. 퇴직자들은 짧게는 수년에서, 길게는 수십 년을 회사나 해당 분야의 산 증인으로 지내 온 사람들입니다. 이들은 큰 비용 투자 없이 그들의 노하우를 다른 회사가 쉽게 취할 수 있는 대상이 될 수 있습니다. 그런 점에서 퇴직자를 활용하는 방법을 깊이 연구해 볼 필요가 있습니다. 더 나아가서는 특별한 비용 투자 없이 회사의 열혈 팬을 확보할 수 있다는 마케팅 측면의 장점도 있습니다. 그런 점에서 사회에서 퇴직자를 활용하는 방법을 깊이 고민해 볼 필요가 있습니다.

퇴직자와의 연결고리를 논하기 전에 먼저 퇴직자가 현실을 직시하는 마음 자세에 대해 이야기할까 합니다. 저도 직접 그런 경우를 당했지만 친한 사람이 퇴직했다는 소식이 들리면 주변인들이 몰려와 퇴직자에게 반드시 물어보는 말이 있습니다.

"한몫 챙겨 나왔어?"

"회사에서 협력회사 임원 자리 하나 정도는 마련해 줘야 하는 거 아니야?"

사람들은 이런 이야기를 하며 퇴직 시 뭔가 한몫을 잡고 나와야 한다고 생각합니다. 특히 대기업 퇴직자의 경우는 협력회사의 임원으로 못 간다고 하면 마치 무능력자로 취급하는 게 우리 사회가 퇴직자들을 바라보는 일반적인 시각입니다. 지극히 한국 정서에 기반을 둔 생각입니다. 젊음을 바쳐 일해 온 직장에서 퇴직자에게 한몫을 챙겨 줘야 하는 게 인지상정 아니냐는 것이지요. 하지만 퇴직자가 어떤 위치에서 무엇을 했는지도 모르는 상태에서 이런 얘기를 한다는 것은 무책임한 짓입니다. 또, 퇴직자를 위로하려고 립 서비스의 일환으로 그런 질문을 무작정 던지는 사람도 있는데 그런 말은 절대 위로가 되지 않습니다. 퇴직자가 몸 바쳐 일해 온 회사를 무슨 거래의 대상으로 여기게 하기 때문입니다.

30년 가까이 젊음을 바쳐 일하던 회사를 떠날 수밖에 없는 사람은 퇴직의 순간에 어떤 마음 자세를 갖게 될까요? 또, 그들은 어떤 자세로 자신의 현실을 받아들여야 할까요?

회사의 내부를 들여다보면 정년까지 재직하는 직원은 극소수라는 것을 알 수 있습니다. 중도 퇴직자가 아닌 정년 퇴직자를 곁에서 지켜본 경험에 따르면 퇴직자들이 퇴직 순간에 보이는 반응은 대체로 두 가지로 나뉩니다. 먼저, '이놈의 회사 얼마나 잘되나 두고 보 겠어'라는 식입니다. 이유는 모르겠으나 왠지 서운한 감정을 바탕으로 악감정을 가지고 있으며 자신이 다녔던 회사에 대해 저주에 가까운 비난을 퍼붓는 경우입니다. 다른 하나는 '회사 덕에 아무 사고 없이 이 순간까지 올 수 있어서 회사에 감사하다. 그동안 행복했었다'라고 생각하는 부류입니다.

퇴직자가 절대 가져서는 안 되는 생각은 앞에서 이야기한 회사에 저주에 가까운 악담을 퍼부으면서 그 섭섭한 감정을 SNS나 사내 부하직원들 앞에서 공공연히 드러내는 것입니다. 자신이 진정으로 그렇게 회사를 위해 열심히 일했고, 많은 실적을 냈다면 진급했을 것입니다. 중도 퇴직한 사람들의 경우 대개 회사가 바라는 목표를 달성하지 못했거나 혹은 다른 사람들은 알 수 없는 뭔가 개인적인 부족함이 있었기에 진급이 안 된 것입니다. 그래서 중도 퇴직하는 것인데 자신의 잘못과 부족한 부분에 대해서는 한마디 말도 없이 무작정 회사나 동료들의 탓으로만 이야기하는 것은 문제가 있는 행동입니다. 또, 그런 말을 하는 사람은 거의 인격에 문제가 있는 사람입니다.

정말로 본인이 회사에 많은 공헌을 했고 실적도 크게 냈다면 진급하는 게 맞습니다. 하지만 실상이 그렇지 않다면 스스로에게 내렸던 평가가 자신만의 과신이었다고 생각해야 합니다. 어느 누구도 자신의 실적에 대해 제대로 평가해 주지 않는다고 생각하는 과대망상이라고 밖에는 볼 수 없습니다.

퇴직을 목전에 둔 분들은 퇴직자로서 올바른 처신의 길이 어떤 길인지를 정하는 것이 중요합니다. 그러면서 내부적인 관계망을 잘 정비하여 퇴직 후 진정한 선배로서의 적절한 예우를 받을 수 있는 길을 닦아야 합니다. 그것이 자신을 위한 최상의 방책입니다. 후배들은 그런 선배 퇴직자들을 좋아하기 때문이죠.

그렇다면 어떤 방법으로 현직 후배들이 퇴직자와의 연결고리를 만드는 게 좋을까요? 먼저 퇴직자 입장에서 생각해 봅시다. 퇴직 후 그들은 다니던 회사와 비슷한 분야의 회사에 재취업하든가 이전 직장에서 갈고닦은 경험을 바탕으로 창업을 시도하기 때문에 이전에 다니던 회사의 정보에 목마를 수 있습니다.

하지만 절대 이런 정보를 함부로 탐내서는 안 됩니다. 자신의 기억 속에 남아 있는 내용을 활용해서 새로운 무언가를 추진해야지, 전 직장의 후임자에게 영향력을 행사해 새로운 직장에 필요한 무언가를 획득해서는 안 됩니다. 만약 후배에게 부당한 압력을 행사하거나 어려운 부탁을 하면 후배들은 퇴직한 선배와의 접촉을 그리 반기지 않을 것입니다.

그런 관계가 아니라면 현직에 남아 있는 후임자들은 퇴직 선배들로부터 뭔가를 배우겠다는 진심 어린 자세를 가져야 합니다. 진실성 있게 선배 퇴직자를 대한다면 대개 선배들은 자신들의 노하우를 하나라도 더 후배들에게 전하려 할 것입니다. 왜냐하면 퇴직 선배와 현직에 있는 후배는 경쟁 상대가 아니기 때문입니다.

그러나 대다수 직장인은, 긴밀한 인간관계가 아니라면 퇴직하거나 타 회사로 이직한 선배와 만나기를 원하지 않습니다. 퇴직자가 현직에 있을 때 보여 준 좋지 않은 개인적 성품이 가장 큰 이유일 것입니다. 혹은 퇴직자가 새롭게 잡은 직장과 후임자의 직장과의 특수한 관계(경쟁, 유사 업종 등)로 인해 무리한 부탁을 할까 우려하는 경우도 있습니다. 그런 경우들이 아니라면 회사가 나서서 퇴직자와 현직자의 만남을 막는 것은 바람직한 일이 아니라고 봅니다. 또, 특별한 사정이 없다면 후배들도 선배 퇴직자를 멀리하는 것은 그다지 좋은 일이 아닙니다.

제 대학 후배가 겪은 일화 하나를 소개하겠습니다. 후배가 다니던 회사의 사업부에는 성격도 원만하고 부하직원을 잘 챙겨 주며 마음 좋기로 소문난 C라는 임원이 있었습니다. 그 임원은 사업부 구매 본부장(전무급)까지 역임하고 퇴직했습니다. 퇴직 후 그는 성장 가능성이 큰 아이템을 개발해 자신이 다녔던 회사와 유사 전자 업체를 대상으로 그 제품을 납품하는 사업을 시작했습니다. 후배 동문 몇 명과 조그만 구매 대행 대리점을 차린 것입니다.

C가 사무실을 개업하던 날, 사업도 홍보할 겸 자신의 후배들에게 개업 인사 초청장을 보냈습니다. 그런데 C의 후임자인 D전무는 초대장을 받고 조직원을 전부 불러 모았습니다. "C가 개업했다고 한다. 이런 행사에 가는 일이 절대 없도록 하고 C와 공식, 비공식 접촉을 하면 회사 기밀을 누설할 수도 있으니 절대 만나지 말라. 만약 몰래 다녀온 것이 추후 밝혀지게 되면 이유를 불문하고

징계하겠다. 내가 C라는 분이 인간적으로 싫어서가 아니라 전관예우 차원에서 혹시 있을지 모르는 부정을 방지하는 차원에서 이렇게 하는 것이니 모두가 동참해 줄 것을 당부한다"라며 엄포 겸 훈시를 했다고 합니다.

그 엄포 덕분인지, 나중에 들어 보니 C선배는 2년이 흐른 뒤에야 자신이 퇴직한 사업부를 상대로 아주 적은 금액을 수주할 수 있었답니다. 하지만 그는 그 주문을 받고 무척 기뻐했다고 합니다.

선배인 C가 회사에 근무하면서 수집한 각종 업체 정보, 단가 정보 등이 있을 터이니 선배와의 만남을 원천 봉쇄시키면 구매부서 내에서 면면히 이어져 내려오던 관련 정보가 단절되어 버립니다. 그런 상황에서 업무가 잘될 수 있겠습니까? 그 사업부는 그 해 적자에 허덕였으며 구매 활동도 예전만 못하다고 합니다.

C의 후임자 D전무는 현대판 '청기와 장수' 같은 잘못된 사고를 갖고 있었다고 생각합니다. 경제 상황이 좋지 않은 시기에 선배 C의 조언이 있었더라면 큰 도움은 아닐지라도 조그만 도움은 될 수 있었을 텐데 후임자인 D만은 그것을 절대 인정하지 않은 것입니다. 그리고 오로지 세계적인 불경기 탓만 하고 있던 것이지요. D는 앞으로도 자신의 잘못된 사고로 회사에 폐를 끼쳤다는 생각은 하지 않을 것입니다.

선배를 못 만나게 하고, 전관예우로 인한 기술 및 비밀 유출을 우려한 행동이 잘못되었다는 것이 아닙니다. 관리자라면 그에 대한 대응 방안도 수립하여 시의적절하게 퇴직자를 이용했어야 한다는 것입니다. 후배는 항시 이야기합니다. 회사가 정말 발전하기를 원한다면 퇴직자와의 좀 더 융통성 있는 연계 방안을 만들어 시행해야 한다고 말입니다.

D는 아직은 승승장구하고 있다고 합니다. D임원 밑에서 근무하고 있는 조직원들은 D임원이 퇴직 후 사업을 하게 되었을 때 현직에 있는 부하직원들을 찾아온다면 과연 무슨 이야기를 할지 정말 궁금하다고 합니다.

우리의 역사 속에 감춰진 베테랑 퇴직자를 우대해 혁혁한 공을 세운 대표적인 이야기를 하나 소개하겠습니다. 2014년 개봉해서 천만 관객을 불러 모은 '명량'이라는 영화입니다.

이 영화를 볼 때 제게는 이순신(李舜臣) 장군보다 더 관심 가는 사람이 하나 있었습니다. 이순신 장군이 혁혁한 공을 세울 수 있었던 데 가장 큰 도움을 준 '정걸(丁傑)'이라는 인물입니다. 당시 장군 곁을 지키는 보좌관이었던 그는 80세를 바라보는 노 장수였습니다. 저는 장면이 바뀔 때마다 그 노 장수가 나오기를 학수고대했습니다.

47세에 전라 좌수사가 된 이순신 장군은 고흥에 살고 있던 78세의 유능한 장수 정걸을 찾아갔습니다. 그를 찾은 이유는 그가 군의 요직을 두루 거친 퇴역 장수로 이순신 장군에게 조언을 해 줄 수 있는 선배였기 때문입니다. 이순신 장군은 병력과 무기 수준이 절대적으로 약했던 조선 수군의 현실적인 문제를 타개하기 위해 선배 장수의 조언이 필요했습니다.

이순신 장군은 정걸에게 '조방장助防將'이라는 자리를 제의하였다고 합니다. 조방장이란 장수의 자문에 해당하는 자리였는데, 많은 장수가 이를 무시하여 유명무실한 자리였답니다. 하지만 이순신은 정걸을 '영공令公'이라며 극진히 받들어 모셨다고 합니다. 《난중일기亂中日記》에 이순신과 정걸이 대화를 나누는 장면이 29회나 나오는데, 정걸은 원로로서 뒷짐을 지고 자문만 해 준 것이 아니라 직접 전투에도 참여하여 왜군과 맞서 싸우기도 했다고 합니다.

정걸은 행주산성 전투에서도 큰 공을 세웠습니다. 아군의 화살이 거의 떨어져 위기에 처했을 때 충청수사였던 정걸이 화살을 운반해 가서 위급함을 해결해 주었다고 합니다. 《연려실기술燃藜室記述》에는 '전투 중에 화살이 다 되어 진중이 위기인데 정걸이 배 두 척에다가 화살을 실어 와서 같이 싸웠다'라는 기록이 있습니다.

이렇게 원로들은 상상 이상의 큰 힘을 발휘하기도 합니다. 베테랑 인력과의 연결고리를 끊어 버리는 것은 회사는 물론 우리 사회 전반에서의 큰 낭비입니다. 퇴직자를 무의미하게 잊힌 사람으로 만들지 말고 회사와의 연결고리를 지속적으로 개발해 나가야 합니다. 퇴직자가 원치 않더라도 잘 대우하여 회사에 계속 공헌할 수 있도록 유도해야 합니다.

과거 S그룹에는 '직원 동창회'라는 모임이 있었습니다. 회사가 모임을 주선해서 공개된 장소에서 신구 직원의 만남의 자리가 열리는 것입니다. 이런 방법이 너무 번잡한 일이 된다면 사업부 단위의 소규모로 운영하는 것도 가능합니다. 그도 힘들다면 퇴직자가 과거에 근무했던 부서 단위로 추진하는 것도 좋은 아이디어가 될 것입니다.

신입사원은 퇴직한 선배들과 많은 시간을 함께하지 않아 서먹서먹할 수도 있습니다. 그러나 회사 업무를 하면서 선배 사원에 대한 정보를 조금씩 늘려 나가다 보면 의외의 좋은 결과를 얻을 수 있을 것입니다.

TIP

1. 선배들의 좋은 경험과 유익한 정보를 놓치지 말라.

2. 퇴직자들과의 정기적인 접촉을 통해 그들의 경험을 자신의 능력으로 바꿔라.

3. 퇴직자는 살아 있는 업무 도서관이다. 이들을 적극 활용하라.

우리는 모두
'을'이 될 수 있다

    직장생활을 하다 보면 회사에 납품하는 협력회사들과 마주하는 경우가 생깁니다. 여러분의 회사가 무인도나 고립무원의 산간벽지에 들어가 자급자족적 사업을 하기 전에는 반드시 거래 상대가 있게 마련입니다.

    회사의 완제품 생산에 필요한 각종 원·부자재를 납품하는 회사를 일반적으로 납품업체 혹은 하청업체라고 부릅니다. 양 당사자 간에 거래를 위한 계약서를 작성하는 과정에 납품받는 회사를 '갑甲', 납품하는 회사를 '을乙'이라는 대명사로 지칭합니다. 그러다 보니 일반적으로 납품받는 회사를 갑, 납품하는 회사 즉 협력회사를 을이라는 용어로 대신 말하기도 합니다. 아마도 이는 일본식 표현의 잔재인 것 같습니다. 요즘은 인권 의식이 높아지면서 거래 중인 업체를 을보다는 통칭해서 '협력회사'라 부르고는 있습니다. 하지만 현실에서는 용어만 바뀌었을 뿐, 협력회사라는 용어가 생기기 전이나 생긴 후나 갑과 을의 개념은 변한 게 거의 없습니다.

회사에 입사해 협력회사를 직접 상대하는 일을 하는 구매부서 혹은 구매부서는 아니지만 협력회사에 직접 발주하는 부서에 근무하는 경우, 협력회사 관리에 대한 교육을 부서장이나 선임 고참들로부터 체계적으로 받는 경우는 별로 없습니다. 선배나 선임들도 경험으로 체득한 상식 수준의 업체 및 거래 품목에 관련된 지식 정도만 주먹구구식으로 전수받게 되지요. 아니면 회사 차원의 집체교육을 통해 초보 수준의 교육 정도만 받는 경우도 있습니다.

그런데 막상 실무에 돌입하면 과거부터 흘러오던 패턴 그대로 담당자가 별다른 신경을 쓰지 않더라도 발주에서 납품, 검수, 대금지급 등 해당 업무는 진행됩니다. 정작 중요한 협력회사와의 상생이나 공존공영의 방향 등에 대한 교육은 전무한 실정이라 볼 수 있습니다. 그러다 보니 협력회사와 사소한 문제가 발생해도 갑과 을이라는 수직적 관계가 극명하게 드러나고 간단한 일도 큰 문제로 비화되는 경우가 많이 발생합니다.

신입사원 초기에는 교육을 통해 배운 업무 관련 지식으로 협력회사에 예의 바르게 잘 응대합니다. 하지만 시간이 흐르고 회사로부터 원가 절감을 채근 받거나 납품 물건에 불량이 발생되어 생산실적과 납기에 차질이 일어나거나 시장에서 클레임이 발생하는 등, 사고가 생기면 그동안 배웠던 각종 교육 내용은 다 무용지물이 되어 버립니다. 이때는 이론과 실제가 다르게 움직이기 시작하지요.

대표적인 사례가 심심치 않게 언론에 회자되어 경제 정의 문제로까지 비화된 문제들입니다. 그 예로 분기마다 이루어지는 단가 인하, 구두 발주, 밀어내기 등이 있습니다. 이들은 자칫 잘못 다루었다가는 갑질한다고 사회적으로 손가락질 당하기 쉬운 전형적인 문제들입니다.

처음에는 갑의 실무자들도 회사 및 상사의 강권이나 정책에 대해 미안한 마음을 가지고 잠깐만 갑질을 하고 맙니다. 하지만 시간이 갈수록 자신의 행위에 면역이 생기게 마련입니다. 한없이 나약할 수밖에 없는 협력회사에게 갑질이 잘 먹히기 때문에, 무의식적 · 습관적으로 갑질을 계속하는 형태로 자신의 업무 스타일이 굳어집니다. 더 큰 문제는 갑의 직원들은 그런 행위에 대한 문제를 시간이 갈수록 전혀 인식하지 못한다는 것입니다. 여기서부터 갑과 을의 본질적이고도 고질적인 문제가 생겨납니다.

그런 행동을 해도 갑의 매출이 오르면 회사 분위기도 좋아서 문제가 되지 않습니다. 갑이 잘되면 을도 납품도 잘되고 매출과 이익이 증가하니 갑의 그 어떠한 행위도 용서하고 참아내며 갑에게 어떠한 문제도 제기하지 않습니다. 하지만 어느 순간 갑의 매출이 둔화되고, 을의 납품 실적이 부진해지기 시작하면 갑의 행동과 언사는 반드시 문제화되고 공론화됩니다. 그렇게 되면 갑의 사소한 한마디, 부주의한 행동 하나하나가 문제가 되고 사건화됩니다. 그러면 갑은 갑대로, 을은 을대로 씻을 수 없는 상처를 입게 되고 갑과 을의 관계는 급속히 냉각됩니다.

이럴 경우 대개 갑은 두 가지 방법으로 반응합니다.

첫째는 '지들이 오늘 이만큼 큰 게 누구 덕인데' 혹은 '언제부터 지들이 덤볐지'라고 생각하는 것입니다. 둘째는 '어? 을도 많이 컸네. 다른 거래업체를 찾아봐야겠네' 하면서 그동안 동고동락하던 을을 헌신짝처럼 버리는 것이지요. 이 경우에도 갑을 둘의 관계는 급속도로 냉각됩니다. 이때부터 갑은 을이 납품하던 품목에 대한 다른 공급선을 찾거나 거래처를 이원화한다는 명분으로 새로운 공급처를 찾기 시작합니다. 을은 기억을 되살리거나 과거의 증거를 찾아가며 그동안 갑으로부터 받았던 불편부당한 사항을 체크하고 정리하기 시작합니다. 이 문제들을 공론화할 준비가 끝나면 가차 없이 공론화시킵니다. 더 이상 거래를 안 할 작정을 하고 말입니다.

여기서 문제점은 사건을 공론화하려는 을의 행태에 있는 것이 아닙니다. 갑이 경쟁력 강화를 위해 혹은 단가 상승의 어려움을 해결한다는 명분으로 새로운 거래선이나 대체품을 찾는 그 시점과 출발 의도가 불손하다는 것이 문제입니다.

갑이 원가 상승 혹은 품질 문제로 새로운 거래선을 찾는 것은 당연한 갑의 업무 영역입니다. 하지만 상황이 어려워졌다고, 또는 을이 갑의 뜻대로 움직이지 않는다고 거래해 오던 을이라는 거래처에게 불편함을 끼쳐서는 안 될 것입니다. 어려울 때일수록 서로 윈윈win-win 할 수 있는 방법을 모색해야 합니다.

회사가 여러분이 마음에 안 든다고 여러분을 퇴사시키기 위해 다른 직원을 뽑아 여러분의 자리나 직무에 배치하면 여러분은 어떤 기분이 들겠습니까? 좋은 기분을 가질 수 없을 것입니다. 왜 우리는 자신의 손톱 밑 가시는 아파하면서 남의 손톱 밑에 박힌 가시는 아픔으로 보지 않는지 모르겠습니다.

부장을 목표로 일하는 조직원이라면, 회사나 상사가 여러분을 통해 협력회사에 무리하게 요구하려고 하면 우선 협력회사와 윈윈할 수 있는 방법에 대해 진지하게 고민해야 할 것입니다. 거래 중인 회사와의 관계를 어떻게 이끌어 갈 것인가는, 의존도는 물론 대표자 및 영업사원의 성향에 따라 그 방법이 많이 달라집니다. 거기에 어떤 특정한 이론이나 논리가 있는 것도 아니고, 이렇게 가는 것이 맞는 방법이라고 확정적으로 주장할 일도 아닙니다.

평소 끊임없이 을과 회사 및 거래 품목에 대한 대화를 나눠야 합니다. 어떤 때는 객관적인 입장에서 을에 대해 냉철한 조언과 과감한 격려도 해 주고, 또 어떤 때는 을의 종업원 입장도 되었다가, 어느 순간에는 을의 대표도 되어 보는 등, 역지사지易地思之가 필요합니다. 이렇게 하여 을의 속사정까지 정통한 업무 담당자가 되어야 최적의 해결안이 나온다고 생각합니다. 을의 입장에서 평소 부단한 소통이 이뤄지지 않으면 어떤 특정한 문제가 발생했을 때 을의 입장과 시각이 고려되지 않은 갑만의 시각으로 문제를 해결하게 됩니다. 그렇게 찾은 해법은 추후 또 다른 문제를 발생시킨다는 점을 잊어서는 안 됩니다.

마지막으로 강조하고 싶은 것은 누구나 언젠가는 을이 된다는 것을 잊지 말라는 것입니다. 소기업은 중기업에, 중기업은 대기업에, 대기업은 소비자에게 영원한 을이 될 수밖에 없습니다. 그럼에도 불구하고 우리는 영원히 갑으로만 살 것처럼 행동하고 말을 쉽게 하며 자신과의 거래 중인 을에게 상처를 주곤 합니다.

얼마 전 모 신문사에서 베이비부머 퇴직자들이 퇴직 후 자영업자로 변신하면서 겪은 애로 사항에 대해 보도한 적이 있습니다. 인터뷰에 응한 자영업자의 대부분은 자신이 다니던 회사에서 갑으로 살아왔던 사람들이었습니다. 그들은 자영업을 하면서 을로 살아 보니 그간 자신들이 갑으로서 어떤 행동을 하였는지, 어떤 갑질을 했는지 비로소 알겠더라고 했습니다. 그들은 그때로 돌아갈 수 있다면 다시는 그러지 않겠다고 후회했습니다.

언젠가 돌아갈 을로서의 자리를 미리 잘 다듬으라는 이야기는 아닙니다. 자신이 다니고 있는 회사의 규정과 룰을 정확히 지키는 것이 제일 중요합니다. 협력회사에 대해 어려운 협조나 요청을 아예 하지 말라는 이야기가 아닙니다. 한 인간으로서 자괴감이 느껴지지 않도록 그들과 상호 협력하고 상생하는 과정에서 인격적으로 대하며 업무를 추진해야 한다는 것입니다.

제 주위에 협력회사를 운영하는 친구나 친척이 많은데 그들로부터 들은 이야기 중 가장 기억에 남는 이야기는 이런 것들입니다.

"규모는 작지만 나도 엄연한 회사의 대표인데 툭하면 사장을 오라 한다."

"분명히 자기들이 잘못해 놓고 우리에게 책임지라고 하더라."

"영업 담당 직원이나 임원이 가도 되는 회의에 반드시 대표자를 오라 하더라."

"자식뻘밖에 안 되는 담당자가 존대도 하대도 아닌 어정쩡한 말투로 사람을 무시했다."

"자기들 마음에 안 들면 대놓고 물량 감축과 단가 인하를 공공연히 운운하며 협박하더라."

참으로 나쁜 갑들입니다.

갑과 을이 대등한 입장에서 행동하는 것은 참으로 어려운 이야기입니다. 하지만 해결 방법은 있습니다. 협력회사를 직접 대면하는 업무를 하는 담당자라면 오늘부터라도 협력회사 대표의 생일, 창사 기념일, 노조 기념일 및 대표의 부인 생일은 물론 자녀의 결혼, 손주들의 입학식 등에 작더라도 정성스런 선물을 보내 보십시오. 또한 임원, 부서장 등 영업 담당자의 생일, 결혼기념일, 자녀의 축하일 등에도 선물을 챙겨 보십시오. 그 후 협력회사와 해당 영업 사원이 어떻게 변하는지 한번 확인해 보시기 바랍니다. 아마 을의 관련자 모두는 여러분의 선물을 평생 잊지 못할 이벤트로 기억할 것입니다. 평소 이와 같이 행동한 뒤에 업무 담당자로서 여러분의 어려움과 원가 절감, 단가 인하 및 물량 축소 등 회사의 방침에 대한 이해를 구해 보십시오. 뭐가 달라도 많이 달라질 것입니다. 당장 실천해 보십시오.

인생 전반에 걸친 '평준화의 법칙'이라는 게 있습니다.

40대는 욕망의 평준화, 50대는 지식의 평준화, 60대는 외모의 평준화, 70대는 성의 표준화, 80대는 부의 평준화, 90대는 생사의 평준화, 100세는 자연과의 평준화가 이뤄진다고 합니다. 직장인으로서 한창 일할 나이인 20~30대에는 무엇이 평준화되는 것이 좋을지, 어떻게 하는 것이 진정으로 회사를 위하는 길일지 진지하게 고민해 보기 바랍니다. 갑과 을의 문제에 국한하여 이 고민에 대한 참다운 답을 얻을 수 있길 바랍니다.

TIP

1. 회사의 규정을 철저히 준수하는 갑의 자세도 중요하지만 을의 입장을 이해하는 역지사지의 자세를 가져라.

2. '을'이라는 용어는 거래 절차상 부르기 쉽고, 표기하기 쉬워서 쓰는 말이다. '을'의 회사 직원과 수준, 그들의 행동까지 전부 '을'로 취급해선 안 된다.

3. 새가 양쪽 날개를 다 써야 날 수 있듯이, 갑은 협력회사라는 '한 가족'이 한 편에 있고, 다른 한 편에는 공정거래라는 '맑은 샘'이 있을 때 사막과도 같은 치열한 기업 경쟁에서 상생 발전할 수 있음을 잊지 말라.

3장

틈틈이 하는
자기계발

늘 배우려는
자세가 필요하다

직장생활을 하다 보면 수많은 만남이 있고 헤어짐이 있습니다. 그 과정에서 즐거운 만남과 헤어짐도 있고 슬픈 만남과 헤어짐도 있습니다. 하지만 직장생활의 경험이 별로 없는 신입사원 시절에 경험하는 부서원들과의 이별은 큰 충격으로 다가올 것입니다. 사표를 쓰고 이직하거나 개인 사업을 하기 위해 직장을 떠나는 선·후배들을 보면 남아 있는 사람들은 자괴감을 갖기 쉽습니다. 이유는 능력이 없거나 부족함이 많은 사람만 회사에 남는 듯한 느낌이 들기 때문입니다.

제가 신입사원 시절에 받았던 최초의 충격은 저의 직속 부장이 제가 입사한 지 1년도 안 돼 사표를 낸 일이었습니다. 당시 저는 무척 당황했습니다. 직장이라면 무조건 정년까지 다니는 곳이고, 부서장이라면 두고두고 부하직원을 챙겨 주고, 부하직원은 그런 상사를 부모 모시듯 하는 게 도리라고 생각했기 때문입니다. 물론 현실은 그렇지 못했고 지금 돌이켜 보면 당시 사표와 퇴직이라는 단어와 이제 막 인간관계를 형성하기 시작한 상사와 단절된다는 충격이 심리적으로 크게 느껴져 그런 유치한 생각을 했던 것 같습니다.

어느 정도 시간이 흐른 후 주위를 돌아보니 퇴사자가 무척 많았습니다. 그런데 당시 저에게는 제가 다니는 회사에서 정년까지 근무하겠다는 당찬 의욕만 있었지 회사 업무를 통해 뭔가를 이루어 보겠다는 구체적인 목표가 있었던 게 아닙니다. 부서장과 상사를 잘 보필하고 내게 주어진 업무만 열심히 하면 잘 될 것이라는 막연한 기대와 의욕만 불태우던 상황에서 맞은 부서장의 퇴사는 저를 거의 패닉 상태로 몰고 갔습니다. (지금 생각하면 웃긴 이야기지만 당시는 정말 심각했습니다.)

그 부서장이 사직한 이후 저는 많은 방황을 했습니다. 아무것도 모르던 신입사원 시절, 부서장은 멀리서 혹은 가까이서 저에게 많은 힘과 격려를 주었던 분입니다. 저 역시 그분의 기대에 부응하기 위해 나름 열심히 뛰고 있던 상황이었기 때문에 그분의 퇴직은 제게 커다란 충격이었던 것입니다. 홀연히 그분이 떠났으니 저는 '이제 누가 나를 지켜 줄 것인가?' 또 '누가 나를 키워 주고 챙겨 줄 것인가?'라는 문제를 놓고 상당한 고민을 하였습니다. 그러던 차에 또 다른 충격이 다가왔습니다. 그것은 바로 직속 과장이 다른 곳으로 전배 명령을 받고 부서를 떠나게 된 것이지요. 저는 그 순간 바로 다음과 같은 결론을 내렸습니다.

"회사는 누가 누구를 챙겨 주는 곳이 아니다. 나 스스로 강해지지 않으면 그 누구도 나를 알아주거나 챙겨 주지 않는다."

그날 이후 저는 제게 주어진 과제와 업무를 미친 듯이 해냈습니다. 제가 맡은 업무에 있어서만큼은 그 누구도 뭐라고 할 사람이 없게끔 열심히 일했습니다. 누군가를 롤모델로 삼는 것이 아니라 제가 다른 사람의 롤모델이 될 수 있도록 노력을 기울였습니다.

그러던 중 우리 부서 선임으로 쟁쟁한 실력파 대리가 오게 되었습니다. 전배 온 선임은 일단 실력이 안 되는 부하직원들에게 절대 일을 주지 않았던 것은 물론이거니와 말도 잘 섞지를 않았고 심지어 눈도 거의 마주치지 않았습니다. 자기 마음에 들지 않는 후배들과는 회식이나 야유회 자리에서나 마지못해 대화하는 정도였습니다. 중요한 것은 자신의 기준에 맞지 않는 부서원에게는 어떠한 일이나 과제를 주지 않았다는 것이지요.

어쩌다 간단한 일을 시키고 제대로 하지 못하면 한없이 불쌍하다는 눈빛으로 저나 부하직원들을 내려다봤습니다. 그리고는 "너 이 회사에는 어떻게 들어왔냐?", "대체 너는 왜 사냐?" 등 비하와 비난의 말을 해 댔습니다. 저 또한 그 말을 듣고 속이 많이 상했습니다.

그러나 저는 절대 기죽지 않았습니다. 그것이 그 사람의 방식이라면 나는 나만의 방식으로 회사 업무를 해 나가겠다는 오기로 더욱 노력했습니다. 그 역시 사람인지라 모든 것을 다 잘할 수는 없었습니다. 그래서 저는 그가 잘하지 못하는 것을 잘할 수 있도록 제 능력을 개발하는 데 힘썼습니다.

세월이 흐르고 보니 저는 회사에서 살아남았고 선임 대리는 어느 날 홀연히 자신의 사업을 해 보겠다고 회사에 사표를 냈습니다. 분명 그는 저보다 강했고 실력도 있었으며 저보다 좋은 학교를 나왔습니다. 저는 저의 부족함을 알고 강한 선배를 이기기 위해, 또 손가락질과 비난을 받지 않기 위해 노력에 노력을 거듭했습니다. 저는 그가 회사를 퇴직함으로써 패자가 된 것이라고 생각합니다. 어쨌든 살아남는 자가 승자이니까요.

직장생활을 하다 보면 자신에 비해 역량이 훨씬 뛰어난 사람이 많다는 것을 느낍니다. 직장인이라면 이를 빨리 파악하고 인정해야 합니다. 인정하지 않고서는 자신의 발전을 기대할 수 없습니다. 세 사람이 모이면 그중에 반드시 스승이 있다는 이야기가 있듯이 사람은 어디를 가든, 어디에 소속되어 있든 자신보다 우월한 점을 가진 사람을 만나게 마련입니다. 이를 인정해야 합니다.

"제까짓 게 뭔데", "내가 여기서 몇 년째 줄 알아?", "잘난 척하고 있네" 등의 이야기는 패자가 하는 소리입니다. 빈 수레가 요란하듯 패자 역시 변명만 요란합니다. 강자는 결코 소리를 내지 않고 묵묵히 자기의 일을 할 뿐입니다.

일련의 일들을 겪으며 신입사원의 티를 벗어날 즈음 저의 여러 능력과 자질 등 객관적으로 제가 가진 모든 면을 저의 입사 동기생들과 비교하는 시간을 가진 적이 있었습니다. 업무적인 측면에 있어서는 그들에 비해 뒤떨어진다는 생각을 해 본 적은 없습니다. 그런데 개인 발전 측면에 있어서 동기들에 비해 제가 상당히 뒤떨어진다는 것을 확인하였습니다. 동기들은 어학 실력 향상과는 별개로 시간을 쪼개 개인적인 여가 시간을 만들어 스킨 스쿠버, 플라이 낚시, 마술과 라틴 댄스 등을 배우며 나름대로 새로운 세상을 살려는 준비를 착실히 해 왔던 것입니다. 돌이켜 보면 저는 회사와 부서의 업무 실적 향상을 위해 나름대로 노력해 왔지만 개인적·심적·육체적으로 나를 위해, 내 미래를 위해 준비한 것은 하나도 없었습니다. 그걸 알게 되었을 때의 허탈감은 정말 컸습니다.

업무적으로 매진하는 것은 직장인의 기본입니다. 하지만 개인 스스로를 위한 준비도 정말 열심히 하시기 바랍니다. 시간이 남을 때 입사 동기들과 혹은 부서 내 고참들과 당구장 혹은 유흥업소 주변을 돌아다니는 것도 사회생활의 한 방법입니다. 하지만 30년 가까이 직장을 다녀봤지만 그런 행동은 결코 본인에게 어떠한 유익도 가져다 주지 않았습니다.

그렇다고 그런 문화와 완전히 담을 쌓고 살라는 것은 아닙니다. 되도록 최소화하여 주위 사람들과 융화할 수 있는 정도로만 참여하라는 이야기입니다. 제가 직장생활하던 당시를 회상해 보면 저 역시 그런 측면이 조금은 약했다고 반성합니다. 여러분은 저와 같은 후회를 하지 않으려면, 아니 직장에서 최소한 부장까지 되려면 자기에게 열심히 투자한다는 생각으로 무엇이든지 배우려는 자세를 가지기 바랍니다.

그런 측면에서 제가 신입사원이나 대리 직급의 사원들에게 꼭 권하는 공부가 있습니다. '재무제표(회계에서 재무 현황을 기록하여 보고하기 위해 만든 문서)' 관련 사항을 배워 놓는 것입니다. 어학 능력도 좋고 업무적으로나 개인적으로 도움이 되는 분야에 투자하는 것도 중요하지만 직장에서 롱런을 꿈꾸는 직장인이라면 '원가'가 무엇이고, '영업이익'이 무엇이며, '현금 흐름이 좋은지 나쁜지' 등 재무제표에 대해 본인 스스로 공부하는 것이 무엇보다 중요합니다.

이런 이야기를 하면 많은 사람이 이렇게 말할 것입니다.

"재무제표는 재무팀이나 경리팀에 배치된 사람이 공부하는 것 아닙니까?"

이는 어리석은 질문입니다. 절대 그렇지 않다는 것을 재무제표 등과 같이 업체의 속살을 들여다보는 장표를 공부하면 그것이 자신의 업무 내용과 근무 부서의 속성에 관계없이 직장에서 굉장히 중요한 요소라는 것을 대리가 되고, 중간관리자가 되면 뼈저리게 느끼게 됩니다. 그러니 어학 능력을 기르는 것도 좋고 개인적인 취미를 즐기는 것도 중요하지만 기본적인 재무제표 분석법을 공부하는 게 직장생활에서 필수 요소임을 명심하시기 바랍니다.

TIP

1. 직장에서의 롱런을 원하는 직장인이라면 '재무 관련 학습'은 필수 요소다. 퇴직 후 구멍가게를 하더라도 필요하다. 꼭 공부하라.

2. 자신에게 도움이 되는 그 무엇이라도 좋다. 배우고 또한 익혀라.

3. 강한 자가 살아남는 게 아니라 살아남는 자가 강한 자다.

나만의
스타일을 만들자

직장생활을 하다 보면 업무를 추진하는 스타일에 따라 여러 유형의 사람을 만나게 됩니다. 새벽부터 바쁜 사람, 점심시간만 되면 간단한 테이크아웃 음식을 들고 학원으로, 체력 보강을 위한 피트니스 센터로 가는 사람, 저녁 일과가 종료되기 무섭게 어학학원 혹은 개인 취미 생활을 위해 빠른 걸음으로 바람처럼 사라지는 사람 등. 하지만 갓 입사한 신입사원의 경우는 대개가 개인적인 발전보다는 동창이나 이성 친구 만나기에 많은 시간을 투자합니다.

한 번쯤 '아침을 지배하는 자가 인생을 지배한다'라는 말을 들어봤을 것입니다. 이 말은 지난 2000년대 초반, 사회 전반에 걸쳐 대대적으로 유행했던 말입니다. 이 말이 유행하게 된 이유는 《인생을 두 배로 사는 아침형 인간》이라는 책 때문입니다. 이 책은 사이쇼 히로시라는 일본인이 썼는데, 그 내용은 간단합니다. 아침에 일찍 일어나야 건강하고 돈도 벌고 출세도 한다는 것입니다. 그 증거로 '고급차를 타는 사람일수록 출근이 빠르다'라는 자료를 제시하기도 했습니다.

아침형 인간이 더 높은 효율을 낼 수 있는 이유는 취침과 관련이 있습니다. 인간의 숙면은 체온이 떨어지는 밤 11시부터 새벽 5시까지 이뤄지고 집중력과 판단력은 오전 6~8시에 가장 뛰어나 낮시간의 세 배에 달한다고 합니다. 그래서 사이쇼 히로시는 새벽 한두 시에 잠들어 아침 8시에 겨우 일어나는 야행성 생활을 계속하면 몸과 마음 모두 망가진다고 강조했습니다. 여기에 "현실이 힘들수록 벌떡 일어나라"라는 조언으로 많은 사람에게 큰 반향을 일으켰습니다.

우리의 현실은 어떻습니까? 요즘 입사하는 신입사원은 대부분 어려서부터 학원 다니랴, 과외 다니랴 늘 시달리다 보니 밤늦게 자는 버릇이 들었습니다. 게다가 직장에 들어와서는 매일 계속되는 연장 근무와 각종 사교 모임으로 인해 일찍 자고 싶어도 쉽게 잘 수 없는 것이 현실입니다. 그렇다 보니 아침형 인간의 출현이 힘들어졌지요.

사회나 직장 분위기가 아침형 인간을 선호하는 쪽으로 흐르자, 완전한 아침형으로의 변화 대신 중간 정도의 변화로 인정을 받으려는 '참새형' 인간도 잠시 나타났습니다. 그런데 어느 날 모 대학 철학과 교수가 "일찍 일어나는 벌레는 일찍 일어난 새에게 잡아먹힌다"라고 주장하고 나섰습니다. 그의 주장에 많은 사람이 동참하면서 아침형 인간 열풍은 점차 사그라지고 있는 상황입니다.

최근 '인간의 두뇌 활동이 최고조에 달하는 건 저녁'이란 호주 애들레이드 대학 마틴 세일 연구팀의 보고가 있었습니다. 아침형 인간 바람이 잦아드는 대신 '점심형 인간'이 늘어나고 있다는 보도도 있었습니다. 저녁엔 야근과 회식 때문에 짬을 못 내고 아침엔 도저히 일어나질 못하니 점심시간을 쪼개서 운동과 공부 등 자기계발에 힘쓰는 사람들을 일컫는 말입니다. 이들을 겨냥해 피트니스 센터에서 샌드위치와 샐러드를 파는 이색 상인도 등장했다고 합니다.

예전에는 점심시간은 상사나 동료 친구들과 어울리는 절대적 친교의 시간이었습니다. 수년 전까지만 해도 왕따가 아닌 이상 부서원이 혼자서 식사를 한다는 것은 조직에 대한 배신행위라는 의식이 강했습니다. 공장에서 근무하는 직원들의 경우, 점심시간에 부서 대항전으로 벌어지는 각종 운동경기는 업무에 버금가는 중요한 행사였습니다.

그런데 지금은 이 시간에 혼자 밥 먹고 공부나 운동에 몰두하는 직원이 많아졌습니다. 이런 현상은 회사나 동료가 자신을 더 이상 지켜 줄 수 없을 것이라는 불안감이 팽배한 탓일 것입니다. 구조조정이 일상화된 상황에서 평생직장 개념은 이제 사라졌습니다. 그러니 직장에서 살아남자면 능력을 키워 몸값을 올리는 수밖에 없습니다. 혼자 자기계발에 몰두하는 사람들의 모습은 불안한 직장생활을 겪고 있는 현대인의 서글픈 자화상이라 할 수 있습니다.

대체적으로 신입사원 시절에는 나름 군기가 들어서 제시간보다 훨씬 일찍 출근하곤 합니다. 하지만 시간이 흐르고 어느 정도 요령이 생기면 출근 시간에 겨우 맞춰 출근하는 경우가 많습니다. 아침형이든 저녁형이든 어느 것이 맞고 틀리는지는 잘 모르겠습니다. 그러나 분명한 것은 그런 일상적인 생활이라 할지라도 직장인이라면 자신이 어떤 스타일인지를 스스로 체크해 봐야 한다는 것입니다.

죽어도 잔업이 싫다면 근무시간 내에 주어진 목표량을 채우려 노력해야 할 것이고 저녁 시간에 일하는 것이 좋은 사람은 거기에 맞춰 중요 업무를 배치하여 집중도를 높여야 할 것입니다. 모두에게 똑같이 주어진 여덟 시간의 근무시간 동안 수동적으로 일하지 말고 별도의 계획을 세워 효율적으로 추진하도록 노력을 기울여야 할 것입니다.

그렇다고 "나는 저녁형 인간이니까 낮에 업무를 시키면 능률이 안 올라 못하겠다"라든지 "나는 아침형 인간이니까 잔업은 무조건 못하겠다"라고 버티라는 얘기는 아닙니다. 제가 이야기하는 것은 창의적인 업무나 집중도를 요하는 업무를 할 시간을 자신이 가장 높은 효율을 올릴 수 있는 때에 배정하라는 것입니다. 상사나 선배가 업무 지시를 내리면 무턱대고 열심히 뛰는 것도 중요하지만 방향과 목표 의식을 명확히 가지고 임하는 것이 무엇보다 중요합니다. 가능한 한 자신의 신체 리듬에 맞게 업무 스케줄을 짜는 것이 좋습니다.

우리나라에도 잘 알려진 일본인 작가 무라카미 하루키는 아직도 고시생 같은 규칙적이고도 빡빡한 생활 패턴을 갖고 있는 것으로 유명합니다. 별일이 없는 한, 그는 새벽 5시에 일어나 조깅을 하고 아침을 먹은 다음 하루 종일 글을 쓰거나 번역을 한다고 합니다. 일반 직장인들이 즐겨 찾는 자기계발서를 많이 쓴 공병호 씨도 비슷한 생활 패턴을 유지하고 있다고 합니다.

이런 것을 놓고 볼 때 생활 패턴이란, 아침형인지, 점심형인지, 저녁형인지는 문제가 되지 않습니다. 생활의 주체자인 본인이 어떻게 평소 습관을 직장생활에 맞추어 가느냐가 중요한 것입니다. 이 때 더욱 중요한 것은 무조건 열심히 하는 것이 아닌 효율적으로 잘하는 것입니다.

제가 회사에 근무하던 시절 옆 부서에 E과장이 있었습니다. 그런데 그는 거의 매일 자기 부서장과 임원으로부터 질책을 받았습니다. 상사로부터 질책을 받으면 E과장은 항상 "열심히 하겠습니다"라고 같은 말만 반복했습니다. 해당 부서의 부서장과 임원이 유독 그를 혼내는 것 같아 저는 E과장이 조금 안돼 보이기도 했습니다. 하지만 임원이 야단칠 때 E과장에게 던진 한마디를 듣고는 E과장이 잘못해도 아주 잘못했다는 것을 깨달았습니다.

"E과장, 열심히 하는 게 중요한 게 아니야. 제발 잘 좀 해."

그렇습니다. 누구든지 주어진 시간 내에, 또 상사가 지시하는 기한 내에 열심히 회사 일을 하는 것은 당연한 일입니다. 정작 중요한 것은 바로 '열심히'가 아니라 '잘하는 것'입니다. 잘하다 보면 약간 늦을 수도 있고, 지시받은 시간보다 더 지연될 수도 있습니다.

그러면 중간보고를 통해 납기 시간이나 일정을 수정해 가면 됩니다. 시간 맞춘다고 대충대충 졸속으로 결과물을 내놓으면 처음부터 다시 시작해야 하는 경우가 발생합니다. 그런 경우에는 시간과 인력이 더 소모되지요. 무엇이든 정확히 잘하는 게 더욱 중요합니다.

회사 일을 잘하기 위해서 신입사원들은 자신이 어떤 스타일의 자세로 업무에 임하는지를 건강진단하듯 체크해 보는 것이 필요합니다. 자신의 역량을 최고조로 발휘할 수 있는 시간대에 중요 업무를 배정하고 이를 추진하는 방법을 고려해 보기 바랍니다.

1. 중요 업무를 자신의 컨디션이 최고조인 시간대에 맞춰 추진하라.

2. 열심히 하는 것보다 잘하는 것이 중요하다.

3. 자신의 업무 스타일을 건강진단하듯 분석하여 효율적으로 일하는 직장인이 되라.

제 2의 무기,
특기

가장 진부한 주제로 보일 수도 있으나 자신만의 특기 개발은 사회생활을 영위해 나가는 데 필요한 제 2의 무기입니다. 무슨 회사에서 개인의 특기까지 이야기하나 생각할 수도 있습니다. 물론 개인의 특기에 대해 회사는 평소 별 이야기를 하지 않습니다. 하지만 어떤 계기가 닥치면 특기가 개인적 도약의 발판으로 활용되기도 합니다.

특기에 대해 본격적으로 이야기하기 전에 말단 직급의 조직원이 반드시 알고 있어야 할 사실이 하나 있습니다. 자신의 특기(혹은 취미)를 드러내 놓고 즐긴다든가 상사가 이를 알 수 있게 행동하는 것은 절대 금물이라는 점입니다. 고참이나 상사가 이를 자연스럽게 파악하도록 해 주는 것이 효과적으로 자신을 어필하는 방법입니다.

그렇다면 언제까지 자신의 특기를 감추고 살아야 하며, 또 꼭 그럴 필요가 있을까요? 특기가 있더라도 되도록이면 입사 3~5년차가 될 때까지 조용히 내공을 쌓는 게 중요합니다. 부득이하게 자신의 특기가 조직 내에서 드러나게 된 경우에는 최대한 겸손하게 자신을 철저히 낮추는 모습을 보여주는 것이 좋습니다.

나만의 특기가 없다고 생각하는 사람은 당황하지 말고 지금부터라도 최소한 한 가지 이상의 취미를 개발하려고 노력해야 합니다. 또, 자신의 취미가 있는 사람은 틈틈이 그 실력이 줄지 않도록 갈고 닦을 것을 권합니다. 취미에 실력이 붙으면 비로소 특기가 됩니다.

직장에 다니다 보면, 주변 사람 모두 자기 마음과 같지 않다는 것을 느끼게 됩니다. 이유나 근거 없이 상사나 선배가 부하의 취미 생활을 질투하거나 시샘하는 경우도 있습니다. 말로는 부하나 후배의 취미 생활에 적극 찬성한다고 하지만 돌아서면 이와는 반대로 이야기하기도 합니다. 더 나아가 다른 일을 빌미로 취미 생활을 영위하는 데 어려움을 주기도 한다는 점을 잊지 말아야 합니다. 물론 여러분의 취미나 특기를 두고 뭐라 트집을 잡는 사람은 대부분 부러워서 그러는 것이니 너무 괘념할 일은 아닙니다.

그렇다면 신입사원은 어떤 자세로 취미 생활을 하는 것이 좋을까요? 직장생활 초반 3년 동안은 조직과 조직원의 특색을 연구하는 자세를 가져야 합니다. 그러기 위해 부서 내 행사에 열심히 참여하는 것이 좋습니다.

어느 회사 신입사원이 입사 축하 회식 자리에서 자신의 인상을 각인시키기 위해 자신이 수상 및 보드 스키를 잘 탄다는 자랑을 하였답니다. 그 후 그 사원이 중견 사원이 될 때까지 여름철이나 겨울철에 개인적인 사정으로 휴가를 내면 항상 상사나 선배들은 "보드 타러 가려고?", "수상 스키 타러 가려고?"라고 물었다고 합니다. 아무리 개인적으로 피치 못할 사정이 있어 휴가를 낸다고 해도 누구도 그 친구의 이야기를 믿으려 하지 않아 씁쓸해했습니다.

이렇듯 신입사원 시절에 조직과 조직 구성원에 대한 분위기와 특성도 제대로 파악하지 못한 상태에서 자신의 특기를 공공연히 밝힌다는 것은 스스로의 행동 범위를 옭아매는 족쇄가 될 수 있습니다. 그러니 먼저 나서서 이야기하기보다는 특기가 자연스럽게 밝혀질 수 있는 기회를 만들어 나가는 것이 좋습니다. 확실한 기회가 포착되면 주위 사람들을 통해 자신의 필살기가 선전되도록 하는 게 가장 좋은 방법입니다.

저 또한 남들보다 특출하게 잘하거나 남들에게 내세울 만한 게 없습니다. 다만 제가 자신 있게 남들 앞에 내세울 수 있는 것은 독서와 독후감 작성입니다. 이 두 가지만큼은 대한민국에서 제가 일등이라고 생각합니다. 직장생활 동안 1000여 권의 책을 읽었고, 독후감도 700여 편이나 기록했으니까요. 독후감을 많이 썼다 하면 A4용지 반 페이지 정도의 메모 수준을 이야기하는 사람이 있습니다. 그러나 천만의 말씀입니다. 한 예로 홍명희 작가의 《임꺽정》이라는 작품을 읽고 독후감을 A4용지로 14매 정도 썼던 적도 있습니다. 그 정도 분량이면 대충 쓴 독후감이라 볼 수는 없을 것입니다.

증거가 있냐고요? 네, 있습니다. 저의 블로그(blog.aladin.co.kr/willis)에 들어오시면 확인할 수 있습니다.

저도 입사 초기에는 아무런 취미도 갖지 못했습니다. 그런 상태로 5년을 보내며 심각한 고민에 빠지기도 했습니다. 제가 특기를 갖지 못했다고 뭐라하는 사람은 없었습니다. 하지만 번듯한 직장에 다니면서 남들 앞에 내세울 수 있는 게 없다는 것만큼 비참한 일도 없었습니다.

그러던 어느 날, 아내가 앞집에 놀러 갔다 와서는 한마디 던졌는데, 그 말이 제 가슴에 비수가 되어 꽂혔습니다.

"공무원인 앞집 아저씨는 박봉임에도 불구하고 자기 업무와 관련된 서적으로 온 방을 가득 메우고 있던데 소위 대기업에 다닌다는 당신은 소장 도서가 달랑 다섯 권뿐이네요. 그것도 여성 잡지를 빼면 세 권이니…."

낮잠 자는 척하며 실눈을 뜨고 누워 제 책장을 올려다보니 정말 한심 그 자체였습니다. 방 일부를 차지한 제 책장은 완전히 비어 있었고 드문드문 아이 장난감과 아내가 보는 잡지 세 권이 놓여 있을 뿐이었습니다. 그날 이후 저는 독서를 해야겠다고 다짐하였고, 오늘에 이르렀습니다.

직장생활과 독서를 병행하면서 몇 년 동안 독서 슬럼프를 겪기도 했습니다. 그래도 20여 년간 1000여 권의 작품을 읽고, 그에 대한 독후감을 썼습니다. 이는 소설책 두 권 정도의 분량이라고 합니다. 지금은 제게 책이나 독서에 대해 시비를 거는 사람이 없습니다. 오히려 책을 선택할 때의 주의 사항, 출판사 경향을 묻곤 해서 아주 흐뭇합니다.

제가 독서 계획을 수립하는 데는 원칙이 있습니다. 한 달 중 1주차는 회사 업무와 관련되는 서적, 2주차는 시중에서 이야기하는 베스트셀러, 3주차는 고전 스테디셀러, 4주차는 사회 활동을 하면서 혹은 신문 칼럼 등에서 유명 인사가 추천하는 작품을 읽습니다. 물론 이런 원칙이 무너질 때도 있지만 되도록 지키려고 노력하고 있습니다.

읽는 시간은 특별히 정해 놓지 않습니다. 전철이나 버스를 타면 무조건 읽고, 평일에는 아무리 시간이 없더라도 한두 장은 꼭 읽고 있으며, 주말에는 저녁 뉴스가 끝나면 무조건 잠들기 전까지 읽습니다. 연휴라고 해서 집에 틀어박혀 읽는 게 아니라 자투리 시간을 내서 책을 읽습니다. 이렇듯 취미나 특기를 개발하려면 남는 시간을 잘 활용해야 합니다.

그리스 로마 신화에 나오는 시간의 신 크로노스Kronos 이야기를 소개하면서 글을 마치겠습니다. 신화에 의하면 시간의 신인 크로노스는 특이하게 앞머리만 장발이며, 뒷머리는 머리카락이 하나도 남지 않은 대머리라고 합니다. 왜 그럴까요? 다가오는 시간은 인간이 시간의 신 앞 머리카락을 낚아채 인간의 의지대로 사용할 수 있지만, 흘러간 시간은 인간이 아무리 잡으려 해도 절대 잡을 수 없다는 뜻이랍니다.

모든 인간에게 주어진 시간은 동일합니다. 이를 어떻게 쓰느냐에 따라 자신의 가치가 극대화될 수도 있지만 그렇게 쓰지 못하는 사람은 평범하거나 저평가된 삶을 살 수도 있다는 이야기입니다. 영롱한 아침 이슬도 그렇습니다. 어떤 식물이 먹으면 아름다운 꽃을 피우고 향기로운 향을 발산하게 하지만 독사들이 그 이슬을 먹으면 인간에게 치명적인 독을 만들어 냅니다. 그 이치와 같습니다. 그냥 흘려보내는 시간과 보람 있게 쓰는 시간의 차이를 정확히 알고 틈틈이, 그리고 철저히 자신만의 특기를 하나씩 만들어야 합니다.

다시 한번 강조하지만, 자신의 취미나 특기에 대해 이야기하는 타이밍은 분위기에 따라 잘 맞춰야 합니다. 알맞지 않은 타이밍에 특기를 말하면 그것은 직장을 중간에 그만두겠다는 뜻으로 읽히기 쉽습니다. 또한, 취미 혹은 특기에 대해서 자신이 내키는 대로 표현해서는 안 됩니다.

1. 철저하게 자기의 가치를 입증할 수 있는 개인적 특기를 준비하라.

2. 자신이 갖고 있는 특기는 되도록 타의에 의해 밝혀지도록 하고 일단 밝혀지면 널리 주변에 확산시켜라.

3. 취미나 특기가 밝혀지면 부서를 위해 활용한다는 것을 반드시 보여 줘라.

신문은
정보의 보물창고

대학 시절, 아니 신입사원 시절까지만 해도 저는 신문 읽는 사람들에 대한 편견이 있었습니다. 사업가나 일자리를 애타게 찾는 구직자 그리고 정말 하릴없는 사람들이 시간을 메꾸기 위해 신문을 읽는다고 생각했습니다. 신문을 읽는 사람들을 무지하게 폄하한 것이죠. 세월이 흐른 지금, 가끔 그때를 떠올리면 얼굴이 뜨거워지곤 합니다. 왜 그런 바보 같은 생각을 했을까를 곰곰이 되짚어 봐도 뚜렷한 이유가 떠오르지 않습니다.

제가 신문을 가까이 하게 된 계기는 취직 때문이었습니다. 제대할 무렵 회사 입사를 위해 면접을 앞두고 있었는데 군대에서 별다른 공부도 하지 않은 상태로 놀기만 했으니 머릿속에 남은 게 하나도 없었습니다. 짧은 시간에 많은 지식을 섭렵할 수 있는 최선의 방법이 무엇일까를 고민하다 발견한 것이 바로 신문이었습니다.

처음에는 취직 준비할 시간이 얼마 없었음에도 불구하고 무작정

책을 읽었습니다. 그때만 해도 독서가 최선이라고 생각한 것이지요. 그런데 그때는 아직 책 읽는 버릇이 들지 않았고, 또 시간이 없어 책은 한두 권 정도밖에 읽지 못했던 것 같습니다. 당연히 제가 목적하는 바를 주어진 시간 안에 이룰 수 없었지요. 그래서 독서를 포기하고 새로운 방안을 모색하다 우연히 마주한 신문에서 아이디어를 얻은 것입니다.

신문은 몇 장 안 되는 지면이지만 그 속에 정치, 사회, 문화, 과학 등 사회 제반의 관심사뿐만 아니라 국제 이슈까지 다루고 있습니다. 그래서 취업을 위한 공부 교재로는 최고라고 판단했습니다. 처음엔 면접 준비를 위해 사설과 경제 관련 기사를 주로 읽었습니다. 그런데 신문 기사라는 게 단순한 사건 사고 외에는 대부분 하나의 현상이나 주제로 관련 기사들이 이어지기 때문에 시사 상식이나 일반적인 정치, 경제 상황을 잘 모르는 상태에서는 파악하기 어렵습니다. 그렇기 때문에 제반 상식이 부족한 제가 접했던 기사들은 제게는 거의 무용지물이었습니다.

그러다 우연히 각종 칼럼이나 기고문 등에 관심을 갖게 되었습니다. 간혹 그것들을 읽으면 저는 깜짝 놀랐습니다. 이공계를 졸업한 제가 대학 혹은 군 복무 중에 쉽게 접할 수 없었던 유명한 인사들의 강좌나 세상살이에 대한 강의를 신문을 통해서 얼마든지 만날 수 있었기 때문입니다. 저는 그 글을 읽으면서 제 삶의 내실을 다지게 되었습니다. 신문이 좋은 정보의 보물창고라는 것을 알게 된 것입니다.

저는 전자공학을 전공했고, 또 대학을 졸업한 지 수십 년이 흘렀기 때문에 인문학은 물론 정치외교학, 경영학, 회계학 등을 전공한 석학들로부터 세상을 꿰뚫어 보는 시각을 들을 기회가 별로 없습니다. 하지만 신문은 그것을 가능하게 해 줍니다.

지금은 통상 대여섯 종의 신문을 두루 읽고 있습니다. 신문을 읽으면서 좋은 문장이나 내용이 있을 경우 별도로 스크랩해 놓으니 얼마나 마음에 양식이 되는지 모르겠습니다. 또, 어떠한 문서를 작성하든 심리적 부담감이 없습니다. 이렇게 좋은 자료를 왜 그때까지 그냥 버리거나 허드렛일하는 용도로만 사용해 왔는지 참으로 안타까울 따름입니다.

재직 당시 저는 출장이라도 가게 되면 직원들에게 신신당부를 하곤 했습니다. 출장 기간 중 제게 오는 신문을 한 장도 버리지 말고 그대로 쌓아 두라고 말입니다. 직원들은 제가 신문을 얼마나 중히 여기는지 알기 때문에 한 장도 빠트리지 않고 잘 모아 놓았습니다. 그러면 저는 그에 대한 보답 차원에서 제가 읽은 내용 중 직원들이 읽으면 좋을 내용들을 스크랩하여 직원들에게 나누어 주었습니다.

하지만 읽고, 스크랩만 해 놓는다고 해서 신문을 제대로 활용하는 것은 아닙니다. 스크랩한 기사들을 주제별로 잘 정리하는 것도 중요합니다. 강연록, 경영, 문학, 경제, 투자, 환경 및 과학 등으로 분야를 세분화해 스크랩하고, 시간이 날 때마다 다시 읽는 것이 좋습니다.

저는 신문의 이런 이점에 대해 주위 사람들에게 널리 알리고 있습니다. 하지만 그들은 인터넷 신문이 있는데, 조금만 지나면 '구문'이 되는 신문에 애착을 갖고 스크랩하는 저를 오히려 측은하게 바라봅니다. 그저 안타까울 따름입니다. 그 사람들에게 저는 이런 이야기를 해 주고 싶습니다. 전자책과 인터넷 신문이 아무리 좋다고 해도 궁극적으로 종이책과 신문이 가진 기능 전부를 대체할 수 없다고 말입니다. 물론 기능의 일부를 대체할 수는 있을지 모르지만 절대 전부를 대신할 수는 없습니다.

정보의 보물창고는 바로 신문입니다. 어느 직장에서건 좋은 사원이 되기 위해서는 오늘부터라도 신문을 꾸준히 읽고 스크랩을 생활화하기 바랍니다.

TIP

1. 신문은 당신의 정보를 재무장시키는 도구이다. 한 종 이상 경제 신문을 섭렵하라.
2. 중요한 사항은 분야별로 스크랩하고 틈나는 대로 열독하라.
3. 무엇을 읽는다는 것은 창조의 원동력이 된다.

개인별
핵심 성과 지표

심산유곡에서 산삼을 찾는 심마니는 대부분 누구도 다니지 않는 길을 찾아다닙니다. 각박한 경쟁 사회에서 생존해야 하는 직장인들 역시 국내외 시장을 상대로 산삼을 캔다는 자세로 회사 업무에 임해야 합니다.

그런데 문제는, 회사라는 조직에 처음 들어간 사람은 업무적인 측면에서 무엇이 산삼이고, 무엇이 도라지인지 구분할 수 없다는 것입니다. 기존 사원도 마찬가지입니다. 아무리 발에 불이 나도록 뛰어다니고, 뒤지고, 조사해 봐도 산삼(업무 실적)이라는 게 산속(자신의 업무) 어디에 묻혀 있는지, 어떻게 생겼는지 알 수가 없습니다. 물론 말로는 많이 들을 수 있지만 자신만의 산삼에 대해서는 전혀 정보가 없기 때문입니다.

하지만 회사는 산삼과도 같은 업무 족보를 모든 이가 발견할 수 있도록, 또 잘 알아볼 수 있게끔 제시해 놓고 있습니다. 과거에도 그랬고 지금도 모든 조직원이 이를 빨리 발견하도록 독려하고 있는데 그것이 바로 핵심 성과 지표KPI(Key Performance Indicators)입니다.

과거의 기업들은 KPI 지수를 자신이 소속한 집단이 반드시 달성해야 할 절체절명의 하늘이 내린 지상 최대의 과업으로 이해하곤 했습니다. 마치 그것만 달성되면 자신이 몸담고 있는 회사가 초일류 회사가 되고, 자신들이 만들어 내고 팔고 있는 제품이 일류가 되는 것처럼 착각에 착각을 거듭해 왔습니다.

하지만 세월이 흐르고 여러 관리 지표가 개발되면서 KPI 지수의 위상이 달라졌습니다. 과거와 달리 KPI 지수만 달성되면 모든 것이 완벽하게 이뤄지는 것이 아님을 인식하기 시작한 것입니다. 현재 많은 회사가 회사 경쟁력 강화에 필수 요소로 생각되는 몇 KPI 요소를 제외하고는 KPI 지수를 집중적으로 관리하지 않습니다. 회사의 사정에 따라 다르겠지만 일부 회사는 이 지수를 업무 개선을 위한 단순 참조용 정도로만 활용하고 있다고 합니다.

회사나 조직이 KPI 지표 관리를 치열하게 하지 않는다고 개인까지 KPI 지수를 무시해서는 안 됩니다. 요즘과 같은 치열한 경쟁의 시대를 사는 조직원들이라면 더욱더 그렇습니다.

개인별 핵심 성과 지표P-KPI를 만들어 개인의 능력을 개발하고 언제 어디서든 조직이 필요로 하면 뛰어들 채비를 하고 있어야 합니다. 과장하면 전투원으로서의 자세를 가져야 합니다. 그 능력을 키우기 위해서는 오히려 전인미답의 심산유곡을 헤매며 산삼을 캐는 심마니의 마음 자세를 가져야 하는 것이지요.

이때 수립되어야 할 개인별 핵심 성과 지표는, 자신의 회사와 제품에 가장 강력한 라이벌 회사 혹은 좀 더 높은 수준의 회사 핵심 조직원 수준이 되어야 합니다. 그런 목표를 세우기 위해서는 철저한 연구와 노력은 물론이거니와 일상적인 방법인 아닌 심마니의 시각과 사고가 있어야 합니다.

심마니의 사고방식은 다시 말해 '행동이 수반되는 창의적인 사고'를 말합니다. 책상에 앉아 창의적 사고만 하면 뭡합니까? 실행이 없는 그런 공상에 가까운 창의적 사고는 필요 없습니다. 심마니가 집 안에 앉아서 어디로 다닐까 생각만 해서는 산삼을 캘 수 없는 것과 마찬가지입니다. 심마니가 산삼을 캐기 위해 길 없는 길을 나서서 산삼을 찾아 헤매듯 행동으로 자신의 업무에 도전해 보시기를 권유합니다.

심마니의 사고방식을 통해 문명에 영향을 끼친 사람은 매우 많지만 자전거를 발명한 사람의 예를 들어 설명해 보겠습니다. 전 세계적으로 자전거의 발명에 대한 이론은 많은데, 특히 독일·프랑스·영국·러시아 등 힘깨나 쓰는 서방 국가는 모두 자기 나라가 자전거 발명의 원조국이라고 주장하고 있습니다. 그런데 어떤 형태의 자전거를 최초의 자전거로 보느냐에 따라 그 발명 기원국이 달라진다고 합니다.

오늘날의 일반적인 자전거 형태를 기준으로 말해 봅시다. 19세기 초 독일인 카를 폰 드라이스Karl von Drais라는 사람은 자신이 맡은 관할지 시찰을 효율적으로 하기 위해 말이 아닌 사람이 움직이는 새로운 탈 것이 필요하다는 생각을 했답니다. 그래서 궁리 끝에 1871년 최초의 자전거 원형을 제작했는데, 그의 이름을 따서 '드라이지네' 또는 라틴어로 '빠른 발'을 의미하는 '벨로시페드velosipede로 불렀습니다.

그가 자전거를 처음 만들었을 때 많은 사람은 '사람을 말이나 마차로 만드는 이상한 발명품으로 이전에 동물이 하던 일을 사람에게 강요하는 물건'이라고 비난했답니다. 하지만 지금은 어떤 평가를 받습니까? 그는 자신의 업무(관할지의 시찰)를 효율화하고자 심마니의 사고방식에 기초한 노력을 기울인 끝에 새로운 발명을 해냈던 것입니다.

개인별 핵심 성과 지표를 만들어 자신의 업무 형태 및 성과를 냉철히 뒤돌아보면 아마도 자신에게 장점보다는 단점이, 특기보다는 부족한 면이 더 많이 보일 수 있습니다. 그렇다고 절대 좌절하거나 의기소침할 필요가 없습니다. 자신의 단점을 고치기 위해 쓸데없는 노력을 들이는 대신 단점을 장점으로 만들기 위한 나름대로의 성과 지표를 만들면 되지 않겠습니까?

몇 해 전 국내에도 소개되어 열풍을 일으켰던 론다 번이 쓴《시크릿》이라는 책이 있습니다. 책 내용은 저자가 수세기 동안 성공한 사람들을 연구하면서 발견한 비밀을 정리한 것입니다. 이 책에서 말하고자 하는 바를 단 한 문장으로 옮기면 '생각이 현실이 된다'라는 것입니다. 여러분이 자신의 성과 지표 속에 나타난 자신만의 목표를 향해 나아갈 때 반드시 아름다운 결과가 나타날 것입니다. 진짜 생각이 현실이 된다는 얘기지요.

이런 말을 해도 개인별 핵심 성과 지표 세우는 것을 주저하거나 힘들어 하는 사람이 있겠지요. 그런 사람들에게는 일본항공JAL을 법정 관리 기업에서 재기시킨 이나모리 가즈오稲盛和夫 명예회장의 이야기를 들려주고 싶습니다. 이나모리 회장의 전설적인 이야기는 많은 사람에게 알려져 있지만 그가 말한 명언을 곱씹어 보면 새로운 느낌으로 다가올 것입니다.

"오늘 하루를 최선을 다해 살면 내일이 저절로 보일 것이고, 내일을 열심히 살면 일주일이 보일 것이다. 그렇게 일주일을 최선을 다하면 다음 주와 다음 달 그리고 내년이 보일 것이다. 그렇게 매순간 혼신의 힘을 다하는 것이 중요하다."

이 말에서 '내일이 보인다'라는 것은 무엇을 뜻할까요? 여러분이 판단해 보기 바랍니다.

이렇게 강조해도 많은 사람이 나만의 핵심 성과 지표를 수립하는 데 주저하는 이유는 자신 속에 내재되어 있는 선입견 때문입니다. 오랜 시간 직장생활을 해 온 저 역시 업무를 함에 있어 매일이 망설임의 연속이었습니다. 돌이켜 보니 그것이 후회가 되어 후배들에게 이렇게 강조하고 있는 것입니다.

선입견은 인간이 새로운 것을 접할 때 과거에 자신이 경험한 사실에 근거해 판단을 내리기 때문에 생기는 일종의 '고정관념'입니다. 따라서 평소에 스스로 자신감이 부족하였거나 무슨 일이든 "나는 부족해", "나는 할 수 없어"라는 선입견이 강한 사람일수록 새로운 사실을 만나도 기존의 시각을 바꾸지 않습니다. 또, 자신의 고정관념을 계속 주장하며 정확한 정보를 찾는 노력도 게을리한다고 합니다.

이를 타파하기 위해서는 자신만이 가진 경험과 지식만으로 속단하려는 습관을 버려야 합니다. 그리고 심마니의 시각과 용기를 갖고 회사 업무에 임하려는 자세가 필요합니다.

TIP

1. 주어진 일은 조직과 개인의 발전을 위한 심마니의 시각으로 바라보고 도전하라.

2. 회사와 나의 정확한 라이벌은 누군지 파악하고 그들을 넘고 일어설 개인별 핵심 성과 지표를 세워라.

3. 자신의 판단과 경험은 출근할 때 집에 두고 오라. 오늘은 오늘의 해가 뜨고 있음을 인식하고 당신의 선입견을 버려라.

긍정적 팔로워가
필요할 때

　회사 일을 하다 보면 마음에 드는 일을 지시받을 수도 있지만 그렇지 않은 경우도 상당히 발생합니다.

　제가 초보 사원이던 시절, 부서 내 소파트 단위로 일할 경우 혹시 낮에 업무를 완료하지 못한 팀원이 잔업을 하게 되면 자신의 일이 완료되었다 하더라도 같이 남아 잔업자의 일을 도와주는 배려가 미덕처럼 여겨지던 때가 있었습니다. 특히 잔업자가 고참 사원이나 주무 사원일 경우, 할 일이 없어도 고참 사원의 잔업이 끝날 때까지 대책 없이 기다려야 하는 게 일반적이었습니다. 반대로 말단 사원이 잔업을 하게 되면 고참들로부터 "쫄따구가 낮에 뭐하고 놀다가 다 퇴근하는 야밤에 난리야"라는 질타에 가까운 소리를 듣기도 했습니다.

　여기서 다루고자 하는 이야기는 잔업에 관한 것이 아닙니다. 잔업이 되었든 업무 외적인 일이 되었든 상사로부터 지시가 내려왔을 때 이를 처리하려는 부하직원의 자세에 대한 이야기를 하려는 것입니다.

조직 생활을 하다 보면 상사든 고참이든 완벽한 인간이 아닌 보통 사람이기 때문에 지시한 업무 내용에 오류나 실수가 있을 수 있습니다. 그럴 때 나타나는 반응이 팀과 팀원들에게 미칠 영향이 상당히 크기 때문에 어떻게 반응하느냐가 정말 중요합니다. 저는 이럴 때 부하직원으로서 긍정적인 마인드를 갖는 것이 가장 중요하다고 봅니다. 다시 말해 상사나 고참에 대한 적극적인 팔로우십 followship 자세를 가지라고 조언하고 싶습니다.

위와 같은 사례는 매우 많기에 여기서는 '역逆사례'를 하나 말씀 드리고자 합니다. 어느 회사든 사무용 PC를 주기적으로 교체해 주는데 회사 사정이 넉넉하면 전 사원을 대상으로 일시에 모든 PC를 교체해 주지만 그렇지 못한 경우가 많습니다. 특히, PC의 경우는 사용 모델이 제각각이고 사용 연수 또한 상당한 차이를 보이기 때문에 대개의 경우 회사의 계획에 따라 교체가 순차적으로 이뤄집니다.

어느 날 팀장인 임원의 PC를 교체하기 위해 총무팀에서 찾아왔습니다. 임원은 자신이 사용하고 있던 PC가 구형이었지만 업무 추진에 불편이 없었기에 굳이 교체를 원하지 않았습니다. 부서별·개인별 애로 사항을 파악하고 있던 제가 업무량이 부쩍 늘어난 팀원 중에 PC 성능 문제로 인해 곤란을 겪고 있던 부하직원이 생각나 팀장께 새로 나온 신형 PC를 부하직원에게 설치해 줄 것을 건의하였더니 팀장은 이를 흔쾌히 받아들였습니다.

신형 PC를 받은 직원의 업무 효율이 당연히 높아졌음은 말할 필요도 없습니다. 이것은 상사가 부하에게 보여 준 '긍정의 팔로우십'의 대표적인 일화입니다. 이제 제가 평소 PC 설치 문제에 유독 관심을 갖게 된 배경을 간단히 이야기하겠습니다.

과거 업무 관계로 지인들의 중소기업체에 방문한 적이 있었습니다. 짧은 시간 동안의 방문이었지만 저는 직업병처럼 방문한 회사에 설치된 PC가 어느 회사 것인지를 확인하게 되었습니다. 그런데 깜짝 놀랄 만한 사실을 발견했습니다. 저를 놀라게 한 것은 어느 회사나 제일 좋은 PC는 해당 회사의 임원 자리에 놓여 있었고, 제일 저급한 사양의 PC는 복도 쪽에 앉아 있던 말단 직원들의 자리에 놓여 있었던 것입니다.

이것이 보통 회사들의 일반적인 현상입니다. 어느 회사를 방문해 보아도 최신형 PC를 비롯한 신형 OA기기가 놓이는 순서는 업무의 내용과 질에 상관없이 임원, 부장, 과장 등의 순서입니다. 이것은 잘못되어도 아주 잘못된 상황이라고 생각합니다. 가장 바쁘고 가장 많은 업무를 처리하는 실무진의 OA기기가 성능이 가장 신형이어야 하는 것이 상식입니다.

저의 이런 이야기가 맞는지 틀리는지 주위를 돌아보기 바랍니다. 그때부터 PC 기능에 대해 잘 알지도 못하면서 결재권자라는 이유만으로 최신형 PC를 설치하고서도 단순한 결재 용도로만 사용하고 있는 것은 회사나 조직 입장에서 상당한 낭비라는 생각이 들었습니다. 그래서 이를 개선하고자 제 팀장인 임원께 건의했고, 팀장은 이를 적극 수용했습니다. 저의 팀장은 부하직원의 건의를 적극 수용하는 '긍정의 팔로우십'을 발휘했던 것입니다.

어느 조직이든 리더는 한 명일 수밖에 없습니다. 좋든 싫든 리더는 리더이고, 그 리더가 조직을 잘 이끌고 나가서 조직의 목표를 무난히 달성하게 만드는 게 조직원들의 책임이며 의무입니다. 리더가 지시를 했는데, 동네 어린아이도 아니면서 이것은 이래서 어렵고, 저것은 저래서 힘들다는 이야기를 입에 달고 있으면 그 조직은 죽은 조직이고 발전할 수 없는 조직이 됩니다. 그건 어느 누가 리더가 되더라도 마찬가지입니다.

요즘 같은 경쟁 시대에는 복잡하고 중요한 일을 해내기 위해 리더의 역할도 중요하지만 조직 속에서 팀을 위해 전심전력할 '긍정의 팔로워'들이 함께 일하는 단합된 모습을 보이는 팀이 그 어느 때보다도 절실하게 필요합니다. 그렇기 때문에 오늘날의 기업은 창의적인 사고를 요하는 몇몇 분야를 제외하고는 권한과 책임을 분산시키고 있습니다. 공동의 가치와 포부를 가지고 공동의 목표를 향해 함께 뛸 수 있는 '긍정의 팔로우십'을 절실히 요구하고 있는 것입니다.

그런 측면에서 이제 막 직장생활을 시작하는 여러분에게 리더십 이론 중 팔로우십 이론에 대해 더 이야기해 볼까 합니다. 리더에 추종하는 긍정적인 마인드를 소유한 팔로워가 리더와 조직에 긍정의 영향을 준다는 이론으로, 이 이론을 만든 로버트 켈리는 다섯 가지 유형으로 팔로워를 분석하였습니다.

① **모범형 팔로워**: 독립심이 강하고 혁신적이고 독창적이며, 건설적인 비판을 하는 특성이 있다.

② **소외형 팔로워**: 독립적이며 비평적인 사고를 하지만 역할 수행에는 별로 적극적이지 않다.

③ **수동형 팔로워**: 책임감이 결여되어 있고, 솔선수범하지 않고 매사 임무에 수동적으로 대한다.

④ **순응형 팔로워**: 리더에 순응하는 것이 의무라고 생각하기 때문에 조직에 속해 있는 것으로 위안을 삼는다.

⑤ **현실형 팔로워**: 그다지 비판적이지도 않고 지시받는 일 이상의 모험은 하지 않는다.

여러분이 어떤 유형의 팔로워인지 냉철히 자신을 돌아보고 여러분이 속한 조직과 리더를 위해 어떤 변화를 꾀하여야 하는지 고심해 보기 바랍니다. 팀과 팀원이 활기 있게 목표를 달성할 수 있도록 자기 자리에서 노력하는 긍정적 팔로워로 존재할 때 직장생활이 더욱 편해질 것입니다.

1. 매사에 긍정적인 마인드를 갖는 팀원이 되자.

2. 항상 나의 행동 하나하나가 리더와 팀원에게 어떤 영향을 미칠 것인지 고려하라.

3. 리더와 팀에 도움이 되는 긍정적 팔로워가 되자.

금전에 집착하는 조직원은
무조건 멀리하라

　직장생활을 하다 보면 간혹 부딪히지만 누구에게 쉽게 말 못하는 문제가 하나 있습니다. 바로 개인적인 금전 문제입니다. 개개인의 상황에 따라 다르지만 대개 맞벌이 부부가 아닌, 한 가정의 수입을 전적으로 가장 한 사람에게 의존해서 사는 직장인에게 많이 발생하는 문제입니다. 부모로부터 재산이나 특별한 뭔가를 물려받지 않은 이상, 또 로또 복권에 당첨되는 일 같은 행운이 있지 않고서는 대부분 살아가면서 부딪히는 문제는 거의 비슷하지요.

　더구나 예기치 못한 특수한 상황에 처하는 경우 더 난감해질 수도 있습니다. 예를 들어 가족 중 심각한 질병이 있는 사람이 있어 많은 치료비가 필요하다든가 혹은 큰 집으로 이사를 하게 되는 경우 등입니다. 이렇게 상식적으로 납득할 수 있는 일로 경제적 어려움을 겪는 특별한 사람을 제외하고는 금전 문제에 전적으로 매달리거나 직장에서 그것을 주제로 시시때때로 이야기하는 동료나 상사는 되도록 멀리하는 게 좋습니다. 그런 사람은 금전적인 사고를 치거나 금전 문제로 인해 주변인들에게 신뢰를 잃는 경우가 많기 때문입니다.

"김 대리, 아파트 딱지가 싸게 나왔어. 안 살래?"

"이 과장, 이 회사가 평생직장도 아닌데 뭔가 하나 만들어 놔야 하지 않겠어?"

"신도시 상가 좋은 것이 나왔는데 어때? 한번…."

"내게 확실한 정보가 있는데 ○○물산 조금 있으면 대박 발표를 한대."

이렇게 투자나 주식 등에 대한 이야기를 입에 달고 다니는 사람은 일단 멀리하고 볼 일입니다. 말하는 내용의 정확성과 진실성 여부를 떠나서 직장인으로서 기본을 갖추지 못한 사람이라고 보면 됩니다.

저의 이런 말이 안 믿어지는 분이 있다면 우선 이 글을 읽기 전에 여러분 주변에 있는 선배나 지인들을 통해 제 주장이 틀린지 한번 확인해 보기 바랍니다. 이와 더불어 위와 같은 행동을 보인 사람들 중 직장생활을 통해 소위 말하는 '대박 인생' 혹은 '일확천금'을 실현한 사람이 있는지도 역시 함께 확인해 보기를 강력히 권합니다.

간혹 아니 어쩌다 가뭄에 콩 나듯 주식과 신도시 분양 혹은 상가 전매 등을 통해, 또 여타의 방법을 통해 성공한 사람이 있을 수도 있습니다. 하지만 그렇게 성공한 사람의 수백 배, 수천 배에 달하는 사람이 그런 허황된 꿈 앞에서 실패의 쓴잔을 마셨음을 결코 잊어서는 안 됩니다. 더구나 실패의 쓴잔은 두 번째 문제입니다. 그 과정에서 직장에서의 신뢰도 땅에 떨어져 직장인으로서의 길도 끝 나게 됩니다.

우리 주위에서는 왜 성공한 사람들의 이야기만 들려오고 실패한 사람들의 생생한 체험은 들려오지 않는 걸까요? 이유는 단순합니 다. 성공한 사람은 자신의 성공담을 몇 배 뻥튀기해 이야기했을 것 이고, 실패한 사람은 소리 소문 없이 우리 주위에서 자취를 감췄을 것입니다. 그가 성공을 한 것인지, 실패를 한 것인지 우리가 확인할 사이도 없이 사라졌기 때문입니다.

아무튼 직장생활에서 가장 경계하고 주의해야 할 인물은, 공개적 이든 비공개적이든 위와 같은 정보를 시도 때도 없이 입에 달고 다 니며 직원들에게 자신을 자랑하거나 자금을 구하는 조직원입니다.

제가 대리이던 시절, 직장인들 사이에 부업으로 한몫을 잡으려 는 열풍이 불었습니다. 특정 업체의 다단계 판매 조직이 광범위하 게 직장에 침투해 큰 문제를 일으킨 것입니다. 당시 얌전하고 일밖 에 모르던 전산과 직원이 어느 날부터 갑자기 외향적으로 변했습니 다. 그렇게 된 이유를 확인해 보니 다단계를 통해 한몫 잡다 보니 자신감이 충만해져 외향적으로 변했다는 것입니다. 물론 이는 확인 도 어려운 소문이었습니다.

그 직원을 아는 모든 사람이 그 배경에 대해 호기심을 가졌습니다. 그 직원은 일밖에 모르는 사람으로, 거의 매일 야근으로 늦게 퇴근하곤 했는데 언제 그런 부업에 손을 대서 한몫을 잡게 되었는지 궁금했던 것입니다. 어느 날부터 그 직원은 업무보다는 주변 사람들에게 자신의 성공 사례를 전파하거나 친한 동료는 물론 선후배들까지 다단계 판매 회사에 소개하는 일에 더 몰두하기 시작했습니다. 그런 과정에서 동료 직원을 보증인으로 내세워 융자를 받는 것은 물론 사금융에까지 손을 대기 시작했다고 합니다. 결국 그 직원의 권유로 많은 동료 사원이 한몫을 꿈꾸며 다단계 회사에 참여하였습니다.

그런데 다단계 조직에 참여하는 인력이 늘어나면서 회사 안에서는 그간 나타나지 않던 문제들이 발생하기 시작했습니다. 첫째 물건을 팔기 위해 근무 중 외출하는 직원이 부쩍 많아졌고, 둘째 해당 물건을 미리 다량으로 확보하기 위해 사내 금고로부터 융자를 받는 사람이 늘어났으며, 셋째 다단계 조직에 가입한 직원들끼리 틈만 나면 모여서 자신들의 판매 성공 경험담을 나누는 비업무적 모임이 늘어난 것입니다. 상황이 심각해져 나중에는 감사팀이 이들을 조사하기에 이르렀습니다. 감사 과정에서 문제의 심각성을 인지한 감사팀원은 해당 직원을 설득하여 집을 방문했다고 합니다. 가 보니 해당 직원의 집은 방마다 다단계 회사의 물건으로 가득 차 있었고 개인 부채도 상당했다고 합니다.

전산과 직원의 재테크 성공은 성공이 아니었습니다. 실제로는 과대 포장된 것이었죠. 그가 그렇게 된 데는 속사정이 있었습니다.

그의 부인이 초등학교 교사였는데 아마도 교사 생활을 하면서 다단계 사업에 손을 댔던 모양입니다. 초기에는 학부모 및 동료 교직원을 상대로 큰돈을 만지는 데 성공했지만 그 경제적 성공은 그리 오래가지 못했다고 합니다. 그래서 그 부인은 교직에 사표를 내고 아예 다단계 판매 회사로 직장을 옮겼다고 합니다. 사람의 욕심은 끝이 없지요. 좀 더 많은 수익을 얻기 위해 융자와 급전 당기기를 통해 다단계 회사의 상위 직급으로 올라가려 했던 모양인데, 이 과정에서 많은 다단계 상품을 집에 쟁여 놓고 판매에 올인했다고 합니다.

끝내 그 직원은 융자와 사채를 얼마 되지 않은 퇴직금으로 막기 위해 사표를 낼 수밖에 없었습니다. 그리고 아예 다단계 판매 회사에 입사했다고 합니다. 또, 그 직원의 권유로 다단계 판매 회사에 가입했거나 그 직원에게 융자 보증을 서 줬던 여러 직원이 상당 기간 고초를 겪게 되었습니다. 몇 년 뒤에는 다단계 회사로 옮긴 그 직원이 그 회사에서 몇 년 근무하지 못하고 끝내 개인 파산을 신청하였다는 소식이 들려왔습니다.

인간 세상에 일확천금은 없다는 것을 보여 준 대표적 사례를 소개했습니다. 직장인은 오로지 성실하고 근면한 노동의 대가로 얻은 개인적인 수입만이 자신과 자신의 가정을 지탱해 준다는 좋은 본보기입니다.

이와는 반대인 일화도 있습니다. 저와 같이 근무했던 직원 중 부친의 오랜 암 투병으로 빚만 잔뜩 짊어진 직원의 이야기입니다. 비록 이 이야기는 특정한 인물이 겪은 특수한 경우이기는 하지만 대다수의 건전한 직장인은 바로 이런 삶을 살고 있다는 것을 강조하고 싶습니다.

저와 함께 일하던 그 직원은 2남 1녀 중 막내였습니다. 성실한 직원이었는데, 고등학교를 졸업하고 바로 입사했기 때문에 사회 경험도 그리 많지 않은 상황이었습니다. 그런데 그가 입사 이전부터 상당한 부채를 가지고 있다는 것이 알려져서 그를 아는 대부분의 사람은 그 직원을 부정적인 시선으로 바라보았습니다. 저는 같은 부서의 동료이기 이전에 인생의 선배로서 그 부분이 마음에 걸려 부채에 대해 우려하곤 했습니다.

어느 회식 날, 그 직원은 자신의 부채 문제와 개인적인 가정사에 대해 털어놓았습니다. 그 직원은 우리가 묻지도 않았는데 자신의 부채에 대해 그리고 가족사에 대해 아주 담담히 이야기했습니다. 부채는 장기간 투병하던 자신의 부친 병원비 때문에 생긴 것으로 부친이 세상을 떠난 후 형제가 마주 앉아 부채를 결산해 보니 상당한 금액이 되었답니다. 그런데 홀어머니는 물론 누나에게도 부담을 주지 않으려다 보니 형과 자신이 부채를 떠안게 되었다는 것입니다.

그 직원은 평소 남들이 꺼려 하는 야근에 특근을 자청하며 진짜 열심히 직장생활을 해서 5년 만에 빚 대부분을 갚았습니다. 더 기특한 것은 결혼한 후에는 월급에 손을 대지 않고 용돈과 특근 비용 등을 아껴서 빚을 갚았다는 것이죠. 부인에게는 알리지 않았다고 합니다. 그 이야기를 듣던 직원 모두가 부인에게 이야기했으면 빚을 빨리 갚을 수 있었지 않았겠느냐고 말했습니다. 그러자 그 직원은 다음과 같이 대답했습니다.

"아버지가 돌아가신 후 결혼한 제 아내는 제 아버지 얼굴을 사진으로만 봤습니다. 한 번 만나보지도 못한 시아버지 병원비 부담을 아내에게 지울 수 없었습니다. 또 결혼 전에 있었던 좋지 못한 일 때문에 아내에게 희생을 강요한다는 것은 저 스스로 용납이 안 되더라고요. 그래서 혼자 빚 청산을 위해 최선을 다했지요."

담담하게 술잔을 기울이면서 이야기하던 그의 모습이 아직도 눈에 선합니다. 그 직원은 그런 성실성과 책임감으로 업무에 임했습니다. 그러니 업무 성과는 물론 인간성까지도 칭찬받는 직원이 되었습니다. 나중에 그는 당시 대졸 사원도 가기 힘들다는 중국 지사에 파견되었습니다. 그것도 업무 시간 외에 짬을 내 공부하여 독학으로 관련 자격증을 딴 덕분입니다. 중국 지사에서 일하던 그는 얼마 전 귀국하여 지금은 계열사 주요 부서의 팀장을 맡고 있습니다.

회사에 다니면 누구나 월급을 받습니다. 스스로 판단해 보면 자신이 하는 일에 비해 많이 받을 수도, 적게 받을 수도 있습니다. 하지만 분명한 것은 회사가 먹고 살 만큼은 준다는 것입니다. 그런데 인간의 욕망이 끝없기 때문에 좀 더 많이 받기를 기대합니다. 그래서 월급을 더 많이 주는 직장과 업종으로 이직하거나 아예 월급쟁

이를 그만두고 개인 사업을 하기도 합니다. 중요한 것은 직장인이 돈을 보고 쫓아가면 절대 돈을 잡을 수 없지만, 일과 성실성을 가지고 열심히 뛰다 보면 직장인에게도 돈이 따라붙는다는 사실입니다. 돈! 중요하고도 중요한 인간 생활의 기본 요소임에는 틀림없습니다. 그러나 거기에 자신의 모든 것을 걸어야 할 만큼 그렇게 절박한 물질은 아니라고 생각합니다. 직장생활을 하다 보면 그것보다 더 중요한 것이 우리 주위에 얼마든지 있습니다.

자신이 자기 인생의 주인공이 될 것인지 아니면 물질의 노예가 될 것인지는 여러분이 인생의 방점을 어디에 두고 사느냐에 달려 있습니다. 돈이나 건강 또는 직장 내 대인 관계에 방점을 두었느냐에 따라 직장생활의 우선순위가 달라질 것입니다.

다시 한번 강조하면, 직장생활을 하면서 돈에 대해 너무 집착하는 사람이 있다면 일찌감치 그와 멀리하십시오. 그러면 커다란 사고를 겪지 않고 직장생활을 할 수 있을 것입니다.

TIP

1. 열심히 일하면 회사는 먹고 살 만큼 그리고 약간 저축할 수 있을 만큼 급여를 준다는 것을 결코 잊지 말라.

2. 인생의 방점을 어디에 둘 것인지 항상 생각하는 직장인이 되자.

3. 돈과 한 방을 찾는 사람은 정말로 한 방에 훅 간다는 사실을 명심하라.

오피니언 리더
대처법

재직 당시, 국내 휴대폰 산업은 무서운 기세로 성장하고 있었습니다. 우리나라는 현재 휴대폰 보급률 세계 제 1위라는 명성만큼 국내 이동통신 가입자 수는 5천만 명에 근접하고 있습니다. 국민 1인당 한 대꼴로 휴대폰을 갖고 있을 만큼 보급이 확대되었습니다.

휴대폰이 보급되기 시작하던 시절, 품질이 안정화되지 못하여 곳곳에서 휴대폰과 관련된 사건 사고가 많았습니다. 또 휴대폰 관련 기술을 아는 몇몇 개인 및 단체로부터 집요한 공격을 당한 것도 사실입니다. 제가 재직 시 경험한 휴대폰 관련 사건 중 대표적인 사건으로 '벤츠 돌진남 사건', '박수무당 사건' 등을 들 수 있습니다.

이들 사건에는 공통점이 있습니다. 그것은 소비자들이 제품과 해당 브랜드를 사랑하여 불만을 제기한 사건이라는 점입니다. 반면에 소비자들이 제조업체를 상대로 어떤 경제적 목적을 이루기 위해 벌이는 사건은 극히 일부에 지나지 않습니다.

소비자들은 제품에 문제가 있다고 생각되면 개인적으로 혹은 집단(커뮤니티 및 카페)을 형성하여 자신들의 위력을 과시하며 자신들의 주장을 들어주기를 원합니다. 이들 중 타인에 큰 영향을 끼치는 사람들을 오피니언 리더Opinion Leader라 부릅니다. 소비자 단체, 블랙 컨슈머Black Consumer, 대형 카페나 파워블로거 등이 그 예입니다.

그렇다면 그런 문제를 제기하는 소비자들의 궁극적인 목적이 무엇이겠습니까? 저의 경험으로 보았을 때, 소비자나 특정 단체 혹은 블로거들이 제기하는 문제의 본질은 제조업체와의 원활한 소통을 원하는 것입니다. 지금도 그 점에 대해서는 의심의 여지가 없습니다.

하지만 대다수의 기업은 만들어서 팔기도 바쁜데 소비자 한 사람의 주장에 귀를 기울일 여유가 없다고 생각합니다. 또, 문제를 일으키는 집단이나 개인이 반대급부로 어떤 경제적 이득을 얻고자 하는 불순한 의도를 가졌다고 보는 것입니다. 그래서 문제를 제기하는 소비자 혹은 단체의 이야기를 들어줄 생각은 전혀 하지 않는 게 일반적인 회사의 특성입니다.

대표적인 사건인 '벤츠 돌진남 사건'은 언론에 크게 보도가 된 사건입니다. 문제를 제기한 소비자의 과잉 행동이 문제의 본질을 흐려 놓은 부분도 있습니다. 하지만 분명한 것은 소비자의 소리를 누군가 들어주지 않아 발생된 사건이라는 것입니다. 그는 자신이 타고 다니던 벤츠 자동차로 통신사 정문을 들이받아 억울함을 호소하려 했습니다. 그런데 그가 한 행동(벤츠로 정문을 들이받은 짓)만이 사회적으로 큰 이슈가 되어 그의 주장이 아예 묻혀 버렸습니다.

'벤츠 돌신남 사건'이 일어난 후, 저는 사건의 당사자를 조용한 곳에서 만나 그런 행동을 벌인 이유가 무엇인지 물어보았습니다. 그는 자신의 억울한 사정을 그 누구도 들어주지 않아서 그런 일을 저질렀다고, 또 자신을 돈이나 뜯으러 온 사람으로 생각하는 게 분해서 돌발적인 행동을 했다는 것입니다.

또 다른 이야기를 소개하겠습니다. 소위 '박수무당 사건'으로 불리는 이 사건의 경위는 이렇습니다. 충청도 어느 암자에서 영업(?)을 하고 있던 박수무당이 우리 회사 상담센터로 전화를 해 휴대폰 기술과 관련된 책임자가 와서 직접 해명하지 않으면 무슨 일을 벌일지 모른다고 말했답니다. 이런 전화가 오면 여러 방식으로 대화의 진정성을 판단해 보고 대응 여부를 결정짓는데 당시는 이를 상당히 심각한 상황으로 간주하였습니다. 녹취록을 들어 보고 소비자가 제기한 문제를 검토해 본 결과 소비자의 주장이 과장되지 않음을 파악했습니다. 그래서 저는 담당 직원과 함께 소비자가 영업 중이라는 충청도 어느 암자로 찾아갔습니다.

문제를 제기한 소비자는 한창 영업(?) 중이었습니다. 굿이 끝난 후, 분장도 지우지 않고 옷도 미처 갈아입지 못한 소비자와 마주 앉았습니다. 굿을 위한 분장을 해서 그런지 얼굴이 살벌해 보여 오금이 저릴 정도였습니다.

문제의 요지는 제품 수리를 한 후 제품을 사용해 보니 통화가 역시 잘 안 돼서, 그로 인해 영업 손실이 발생했으니 보상을 해 달라는 것이었습니다. 굿을 하기 위한 비용을 지불할 때 현금영수증을 발행하거나 카드 결제를 하는 사람은 별로 없을 것입니다. 그래서 그가 영업 손실을 봤다는 것을 무엇으로 증명할 것인가 하는 문제가 나왔습니다. 그가 제시하는 탁상용 달력을 자세히 살펴보니 그것은 달력이 아니라 그의 업무 일지 겸 영업 수주 장부였습니다. 그분이 주장하는 날짜를 전후해 제가 찾아간 날짜까지 거의 보름 동안 영업 실적이 하나도 없는 것을 확인하고는 저희는 잘못을 깨끗이 승복했습니다. 그리고 일정 부분 소비자에게 발생한 영업 손실 비용을 물어 주기로 하고 저는 일단 철수했습니다. 저와 함께 간 직원이 그분의 화를 달래기 위해 그곳에 남게 되었고요.

그런데 문제가 그 뒤에 터졌습니다. 직원이 전화로 보고한 바에 따르면 그때까지 그 박수무당은 우리 회사 제품의 열혈 고객이었는데 휴대폰에 대한 불만으로 집 안에 있는 우리 회사 제품을 모두 손도끼로 부숴 버리고 말았다는 것입니다. 저희 상표만 보면 열불이 나서 견딜 수가 없었다고 말입니다. 상황을 전해 들은 저는 직원의 안전도 우려되고 문제가 더 확산되는 것을 방지하고자 긴급히 상사에게 보고를 하였습니다. 소비자와 협상한 금액을 바로 송금했고 몇 시간 뒤 저희 직원이 회사로 돌아왔는데, 직원의 손에는 소비자가 손도끼로 찍어 버린 우리 회사 브랜드의 에어컨 잔해가 들려 있었습니다.

그 소비자 역시 자신의 억울한 사정을 여기저기에 수차례에 걸쳐 이야기했지만 누구도 자신의 이야기에 관심을 기울인 사람이 없었다고 말했습니다. 사고를 친다고 협박성 전화를 한 후에야 자신을 찾아왔다면서 회사의 처사를 크게 나무랐습니다. 그러면서 앞으로는 절대 우리 제품을 안 사겠다고 이야기하더랍니다.

회사에서 일하다 보면 멋진 이력을 가진 강사들이 소비자를 대하는 멋진 이론으로 강연하는 것을 수없이 듣게 됩니다. 하지만 현장에서 벌어지는 '실제'는 이론과 많이 다릅니다. 어쭙잖게 마케팅 이론을 공부했다는 사람들과 소비자학을 연구했다는 사람들로 인해 소비자들을 대면하는 업무에 종사하는 직원들은 무척 힘들어합니다. 현장에 나가보지도 않고 자신들의 알량한 이론과 학습을 근거로 소비자에게 굴복하지 말 것을 요구하는 경우가 많기 때문입니다. 경륜을 쌓은 상사들은 이론 대신 사무실에서 이렇게 말합니다. "현장에 답이 있다"라고 말입니다.

좀 더 확실하게 말하자면 '현장에서의 소통'을 뜻하는 것입니다. 현장에 나가면 뭘합니까? 나가서 지시만 하거나 현상만 파악하고 책상으로 돌아가 엉뚱한 이야기를 하는 경우도 많습니다. 현장에 와서 전후 사정을 파악하고 왜 그런 일이, 그런 문제가, 그런 현상이 발생했는지에 대해 문제를 제기한 소비자의 이야기도 들어 보고 우리 쪽 실무자의 주장도 들어가며 답을 찾아야 하지 않겠습니까? 하지만 일선에서 벌어지는 상황은 전혀 그러지 못합니다. 그러니 단순히 현장에 답이 있다는 것도 막연한 주장일 뿐입니다.

기업체에서 근무하는 사람들만 똑똑한 건 아닙니다. 소비자들도 더욱 똑똑해졌다는 사실을 기업체에 근무하는 임원들은 모르는 것 같습니다. 소비자를 직접 상대하는 업무를 하다 보면 소비자가 벌이는 일탈 행동을 소비자 개인의 특화된 성격으로 치부하는 경우가 많습니다. 또, 그런 소비자를 질 낮은 인간으로 폄하해 그를 거의 블랙 컨슈머 정도로 판단하는 게 일반적인데 이는 정말 문제 있는 행동입니다. 분명 일부 질 낮은 소비자나 관련 단체도 있을 수 있습니다만, 어떤 확실한 사항이 나오기 전까지는 실무 대응자의 의견을 최우선에 놓고 문제를 제기하는 소비자에게는 귀를 열어 두고, 그들의 목소리에 마음을 열어 진지한 소통을 해야 합니다.

제가 근무할 당시 우리 회사의 휴대폰을 매개로, 소비자들이 자발적으로 만든 유명 카페와 커뮤니티가 많이 있었습니다. 저희와 긴밀한 소통을 하기 전에는 저희 제품에 조금의 문제만 생겨도 소비자보호원에 신고하는 것은 기본이고 반품 운동, 1인 시위 등 살벌한 이야기가 오가곤 했습니다. 한두 사람이 문제를 제기하면 카페 전체의 의견으로 둔갑되어 실제 행동으로 연결된 사건도 몇 번 있었습니다.

《왜 우리는 극단에 끌리는가》캐스 R. 썬스타인 지음라는 책에 실린, '사람들은 다른 이들이 자기 생각에 동조한다는 사실을 알게 되는 경우 더욱 극단적으로 움직인다'라는 말처럼 행동했던 것입니다. 당연히 저희 회사에게는 그런 카페가 공포의 대상이었습니다. 하지만 저와 저희 직원들은 인내심을 갖고 작은 것에서부터 큰 것에 이르기까지 그들과 소통을 추진한 결과 더 이상 문제가 확대되지는 않았습니다.

일단 우리 제품에 문제가 생기면 원인과 대책 등을 재빨리 만들어 카페 운영자들을 상대로 설명과 시연을 하면서 이해를 구했습니다. 카페 운영진들은 우리 회사의 설명 논리가 타당성이 있으면 그 내용을 그대로 해당 카페에 공지로 띄워서 더 이상의 소문이 확산되는 것을 막아 주었습니다.

그래도 그런 행동에 만족을 보이지 않는 소비자나 회원이 있을 경우는 카페 운영진과 회사 직원 그리고 문제 제기자가 모여 머리를 맞대고 문제를 해결하곤 했습니다. 다시 말해 소비자들과 끊임없이 소통을 추진했다는 것이지요. 또, 그들이 원하면 책임 있는 개발자와의 대화는 물론 경영층과도 자리를 마련하여 소비자들이 원하는 내용이 회사 경영에 반영될 수 있도록 했습니다. 만약 그것이 불가능할 경우는 어떠한 사유로 힘든지에 대해서도 성의껏 설명을 해 주었지요. 그 결과 문제를 제기했던 소비자들이 오히려 이제는 우리 회사의 열혈 팬이 되었습니다.

이런 일련의 과정을 거치며 저는 다음과 같은 결론을 얻었습니다.

첫째, 위기를 관리의 대상으로 보지 말고 대화를 통해 리드할 상대로 관점을 바꿔야 합니다.

둘째, 문제가 있는 게 문제가 아니고 그 문제를 인정하지 않고 고칠 생각조차 하지 않는 것이 진짜 문제입니다.

셋째, 이제 소비자에게 제품의 가격과 기능을 강조하는 좌뇌 마케팅의 시대가 가고, 재미, 여흥, 환상 등을 강조하는 우뇌 마케팅 시대가 되었습니다. 브랜드 파워는 공급자가 아닌 소비자가 만듭니다. 어떤 형태로든 고객이 자발적으로 뛰놀 수 있도록 만들어 주어야 합니다.

넷째, 진정성 있게 대하면 똑똑하고 까다로워진 고객들의 태도와 행동도 변화합니다. 정점에서 한순간에 몰락의 길로 들어선 많은 기업의 공통점에 대한 기사를 본 적이 있습니다. 그 회사들은 대체적으로 강한 자부심으로 내부의 신념이 강한 상태에서 자신들에게 유리한 정보만 취득하였고 이를 근거로 비합리적인 결정을 내렸습니다. 코닥과 소니, 닌텐도가 그러했습니다.

집단 정체감이 강할수록 자기 집단에 대한 자긍심이 강해져 다른 집단 혹은 다른 의견을 무시한다고 합니다. 즉, 신념이 지나치면 절대 다른 집단과의 소통을 원하지 않는다는 것입니다. 자신만이 옳고 자신의 기준에서 벗어난 그 모든 것은 오류라고 생각을 하게 되고 결코 순순히 받아들이지 않는다고 합니다. 여러분이 일할 회사는 오피니언 리더급 외부인들과의 업무 추진에 있어서 절대 이런 현상을 보여서는 안 됩니다.

거듭 강조합니다. 회사에서 외부 단체나 소비자를 대상으로 업무를 추진할 때 소비자의 소리를 잘 들어야 합니다. 분명 소비자가 특정 사안에 대해 이야기할 때는 반드시 무슨 이유가 있어서입니다. 무조건 질 낮은 소비자의 단순한 외침으로 생각하지 말고 소비자 외침의 행간으로부터 의미를 파악해야 합니다. 진정으로 순발력 있게 대응하여 소비자 최우선의 기업으로 거듭나는 회사가 되도록 노력해야 합니다.

소비자 대응 문제에 있어서만큼은 조직 내에 전문가와 사공이 많습니다. 그래서 여러분의 상사들이 소비자들보다 더 소통하기 힘들다는 것도 곧 알게 될 것입니다. 그래도 답은 하나이니 열심히 뛰기 바랍니다.

1. 현장에 답이 있는 것이 아니라 현장에서의 소통에 답이 있다.

2. 소비자는 그 어느 때보다 똑똑하다. 진실 되게 가슴을 열고 소비자를 대하라.

3. 회사의 브랜드 파워는 소비자에게서 만들어진다. 그들과 소통의 장을 만들어라.

모든 접대는 당신의 목을 옥죄는
올가미가 된다

제가 다닌 회사에는 절대해서는 안 되는 '4대 금기 사항'이 있었습니다. '부정, 보안 허술, 성희롱, 폭언'이 그것들입니다. 초일류 회사에서 퇴출해야 할 '4대 악의 축'으로 명명된 이 사항들을 상사들은, 공식적인 자리에서나 회의를 진행할 때마다 강조하곤 했습니다. 4대 악의 축 가운데서도 '부정'이라는 단어가 제일 앞에 나오는 것을 보면 회사가 '부정'을 얼마나 커다란 암적 존재로 생각하고 있는지 알 수 있습니다.

직장인이라면 누구나 알겠지만 본인이 의도했든 의도하지 않았든 부정의 유혹은 사방에 널려 있습니다. 일단 그 유혹에 넘어가면 '바늘 도둑이 소 도둑 된다'라는 속담처럼 시간이 갈수록 부정의 수법이 다양해지고 돈의 액수가 커지는 현상이 나타납니다. 그러니 작은 부정이라도 절대로 시작해서는 안 됩니다.

부정의 시작은 거래를 할 때 갑과 을로 나눠 보는 이분법적 시각에서 비롯됩니다. 회사에 들어가 자신이 속한 조직이 어떤 일을 하느냐에 따라 무소불위의 힘을 지닌 갑이 될 수도 있고, 을이 될 수도 있습니다. 물론 이 세상에는 영원한 갑도 영원한 을도 없습니다. 하지만 업무를 하다 보면 갑은 자신이 영원히 갑의 위치로, 또 을은 자신이 영원한 을로서만 살 것으로 착각하기 쉽습니다. 그러다 보니 세간에 심심치 않게 회자되는 '슈퍼 갑질'이라는 단어도 나오게 된 것이 아닌가 생각합니다. 갑과 을을 동반자적 입장인 수평적 관계로 이해하지 않고 수직적 관계로 이해하는 한, 접대라는 문제는 지속적으로 일어날 수밖에 없습니다.

제가 막 입사했던 1980년대 중반에는, 명절만 되면 지금은 절대 그럴 수도, 상상할 수도 없는 풍경이 사무실 곳곳에서 벌어졌습니다. 당시는 지금과 같이 보안 시스템이 강화되어 있지 않아 납품업체 임원과 담당자들이 자유롭게 회사의 사무실 이곳저곳을 돌아다니며 자신의 회사와 관련된 담당자나 부서장들을 만날 수 있었습니다. 특히 명절이 되면 명절 인사를 빙자해 책상 위에 봉투나 선물 꾸러미를 올려놓고 가기도 하고, 그럴 능력이 안 되는 협력회사 직원들은 음료수라도 들고 와 인사하던 시절이었습니다. 당시 회사나 사회 분위기는 명절과 같은 명분이 있을 경우 협력회사가 제공하는 소정의 선물 받는 것을 크게 문제 삼지 않았고 일종의 관례처럼 여기기도 했습니다.

일단 협력회사로부터 '소정의 인사'가 들어오면 수령 즉시 어떤 회사가 무엇을 갖고 왔는지 상사에게 보고하고 관련 물품(주로 상품권)

을 상사에게 제출합니다. 이런 것들이 모여 전 팀원 숫자만큼 선물이 들어오면 선물 접수를 끝냅니다. 상사는 팀별로 이를 모아 임원에게 보고하면 임원은 명절 휴가 바로 직전에 부서원 전원을 불러서 접수된 선물을 추첨하여 나눠 줍니다. 어떤 때는 선물의 금액이 큰 순서부터 배열해 놓고 하위 직급 사원부터 배분하기도 했습니다.

그런데 어느 날부터 회사에서 협력회사로부터 일체의 향응 및 접대 받는 것을 금지하였습니다. 아예 주지도 받지도 못하게 했으며 그런 조치에도 불구하고 선물을 가져오는 협력회사는 거래 중단까지 이어지기도 했습니다. 처음에는 무척 아쉬웠지만 해당 업체들로부터 받은 게 없으니 업무를 하는 데 그렇게 편할 수가 없었습니다. 제가 다니던 회사에서는 그 아름다운 전통이 지금까지 이어지고 있습니다.

저의 첫 발령지는 경상도의 어느 소도시였는데 공교롭게도 저의 대학 때 절친이 그 도시에 있는 대기업에 원자재를 납품하는 회사의 영업사원이었습니다. 그는 명절 때만 되면 제가 살고 있는 단칸 사글세방을 보급품 전진 기지로 삼아 거래 중인 업체 직원들에게 선물을 돌리곤 했습니다. 친구가 접대에 나오는 사람 모두를 혼자서 상대하기가 힘드니 같은 회사 직원인 척하고 접대 장소에 같이 나가 주길 원해서 따라 나간 적도 있습니다. 처음에는 그런 일이 재미도 있고, 무엇보다 술을 좋아해서 접대를 제공하는 자리에 자주 동참했습니다. 그런데 그런 자리에 을로서 나가보니 그동안 몰랐던 갑들의 웃기는 행태가 눈에 보이기 시작했습니다.

어느 날, 저를 본 갑의 직원이 저에게 친구와 같은 영업부서 직원이냐고 물었습니다. 잠시 번민을 하다 저는 사실대로 말했습니다.

"저는 저 영업 부장의 대학 동기로서 같은 지역에 있는 XX회사에 다니는 직원입니다."

이렇게 제 소개를 하자 갑의 얼굴이 하얗게 질리는 것이었습니다. 그다음부터 친구는 저에게 접대 자리에 함께 나가자는 말을 꺼내지 않았습니다.

이런 접대가 있은 다음이면 친구는 꼭 제게 이야기합니다. 접대 비용을 전부 제하더라도 150% 이상의 이익을 챙길 수 있었다고 말입니다. 친구가 그런 접대를 통해 친구의 회사로부터 인정받으면 좋지요. 또, 그렇게 해서 돈을 많이 벌면 더 좋습니다. 하지만 친구가 접대에 투입할 비용을 친구 회사의 단가 인하를 위한 비용에 투입하였다면 친구 회사는 물론 이를 납품받는 회사도 불필요한 비용을 지불할 필요가 없었을 것입니다. 그 비용과 에너지로 더 경쟁력 있는 제품을 만들 수 있었을 것입니다.

요즘 세상 돌아가는 것을 보십시오. 철피아, 관피아 등으로 불리며 문제가 되고 있는 사건들의 추악한 뒷모습을 말입니다. 원자력 발전소의 비리로, 얼룩진 전깃줄 몇 줄로 인해 수많은 사람이 곤란을 겪고 있고, 부실한 레일 몇 개로 인해 사람들은 자신의 목숨을 철로 위에 버릴 수도 있는 지경에까지 이르지 않았습니까? 참으로 답답한 현실이 아닐 수 없습니다.

공자의 손자인 '자사子思'라는 인물이 위魏나라에 살았는데 그는
무척 가난했다고 합니다. 무명옷의 겉감이 다 떨어져 안에 들어 있
는 솜이 빠져 나올 정도였으며 식사도 스무 날 동안 아홉 번밖에 못
할 정도로 가난했다고 합니다. '전자방田子方'이라는 사람이 이 이야
기를 듣고 불쌍히 여겨 사람을 보내 가죽옷을 선물했습니다. 그냥
가죽옷을 보내면 자사가 받지 않을 것 같아 심부름꾼에게 이렇게
부탁했다고 합니다.

"나는 사람에게 물건을 빌려주면 곧잘 잊어버려 다른 사람에게
빌려준 것을 버린 것과 마찬가지로 여겨 아깝다고 생각하지 않으니
부디 신경 쓰지 말고 받아 주기 바라오."

그러나 자사는 예상대로 선물을 받지 않았다고 합니다. 그래서
장자방은 선물을 받지 않은 이유를 알기 위해 조용히 자사를 찾아
가 물었습니다.

"저는 부유하기 때문에 많은 것을 가지고 있고, 당신은 청빈한
분으로 재산이 많지 않기 때문에 선물한 것입니다. 왜 받지 않습
니까?"

그러자 자사는 이렇게 대답했다고 합니다.

"제가 이런 말을 들었습니다. 이유 없이 함부로 다른 사람에
게 물건을 주는 것은 그 물건을 도랑이나 계곡에 버리는 것보

다 쓸데없는 짓이라는 말입니다. 제가 아무리 가난해도 버렸다고 하는 물건을 받고 제 자신을 도랑이나 구덩이로 만들 수 없습니다."

자사와 같은 인물이 아니더라도 그에 버금가는 생활 자세를 가지려는 노력을 기울이는 것이 오늘을 사는 샐러리맨의 자세여야 합니다.

이 글을 쓰는 저는 깨끗하냐고요? 절대 그렇지 않습니다. 저도 한때는 소위 갑질도 했고 을로부터 향응과 접대도 받았던 인물입니다. 당시를 생각해 보면 얼굴을 들지 못할 정도입니다. 제가 그런 후회스러운 삶을 살았기 때문에 이 글을 읽는 여러분은 절대로 저와 같은 갑질을 하지 않기를 바랍니다.

1. 세상에 공짜란 없다. 뭔가를 받으면 언젠가 이를 대갚음하여야 한다.

2. 자신의 주머니에 있는 것만 자신의 것이라는 사실을 명심하라.

3. 받아서 불안하면 '뇌물'이고, 받아서 즐겁고 상쾌하면 '선물'이지만, 그 기준은 누구도 정해 줄 수 없다. 아예 주지도 받지도 말라.

4장

더 나은
나를 위해

화를 다스리지 않으면
절대 승자가 될 수 없다

사회생활을 하다 보면 자신의 의사와는 다르게 진행되는 일 때문에 화가 나는 경우가 가끔 있습니다. 제게도 그런 경험이 많습니다.

제게는 스무아홉 살짜리 큰아들이 있습니다. 언젠가 퇴근길에 아들 녀석을 만나 술자리를 함께한 적이 있습니다. 아들 녀석이 제게 이렇게 묻더군요.

"아버지께서는 어떤 비법이 있기에 한 직장에서, 그것도 모든 사람이 힘들다고 이구동성으로 말하는 그 회사에서 30년 가까이 근무하실 수 있었어요?"

저는 주저 없이 이렇게 대답했습니다.

"아버지가 출근하고 나면 베란다에 아버지의 자존심과 권위, 인격이 항상 걸려 있던 걸 보지 못했니?"

저의 직장생활을 뒤돌아보면 정말로 그랬던 것 같습니다. 회사는 서로 자라 온 환경과 사회적 배경은 물론, 지역적 특색이 완전히 다른 사람들이 모여서 이뤄진 집단입니다. 그 때문에 사소한 일도 누군가에게 스트레스가 될 수 있습니다. 그런데 사람마다 스트레스를 받고 푸는 방식에는 차이가 있습니다.

태국의 틱낫한Thich Nhat Hanh이라는 스님이 다음과 같이 말씀하셨습니다.

"화는 모든 불행의 근원으로, 화를 안고 사는 것은 독을 품고 사는 것과 마찬가지다. 화는 나의 타인과의 관계를 고통스럽게 하며, 인생의 많은 문을 닫히게 한다. 따라서 화를 다스릴 때 우리는 미움, 시기, 절망과 같은 감정에서 자유로워지며, 타인과의 사이에 얽혀 있는 모든 매듭을 풀고 진정한 행복을 얻을 수 있다."

이 말씀에서도 알 수 있듯이, 직장인이 화를 내는 것은 그만큼 타인과의 관계는 물론 스스로 성공의 길에서 멀어지게 만드는 요인이 됩니다. 직장생활을 하다 보면 화나는 상황이 정말 많이 일어납니다. 상사나 동료로 인해 화나는 경우는 물론, 관련 부서와의 업무적 이견 때문에도 화가 납니다. 어떤 때는 거의 멘붕(멘털 붕괴)의 상태로까지 이어지기도 합니다.

예를 들면 이런 일로 화가 나게 됩니다. 바이어를 맞으러 공항에 나가야 하는데 의전용으로 사용해야 할 회사차는 전부 외근에 지원되어 바이어 영접에 내줄 승용차가 없다고 할 때 화가 나지요. 투자 품의에 대한 결재가 빨리 나야 관련 장비를 구매해 테스트는 물론이고 기한 내 생산하는 데 지장이 없을 텐데 지금 담당 부서에서는 돈이 많이 들어가니 여러 번 검토한 보고서를 재검토하라고 요구할 때도 화가 납니다. 또, 퇴근 무렵 상사가 "내일 중요한 회의가 있으니 자료를 만들고 석식 후 리뷰 회의를 하자"라고 할 때, 바빠 죽겠는데 한가하게 인터넷을 뒤지며 헛소리하는 부하직원이나 동료를 볼 때, 머리를 써도 시원찮을 판에 노동집약적 업무를 강조하는 상사를 볼 때, 먼저 지시한 일도 끝나지 않았는데 다른 일을 시키는 부서장의 목소리를 들을 때 등. 직장에서 일어나는 일들 중 사원들의 가슴을 아프게 하고 울화를 치밀게 하는 일은 한두 가지가 아닙니다.

그런데 여기 중요한 사항이 하나 있습니다. 화가 날 때마다 화를 촉발시킨 대상을 향해 자신의 불만을 있는 그대로 터뜨려서는 안된다는 것입니다. 특히 화의 원인 제공자가 권력을 지닌 사람이나 집단이라면 더욱 자제해야 합니다.

화의 속성을 들여다보면 자신에게 향하는 화도 있을 수 있겠으나 아무래도 타인을 향해 발산되는 것이 대부분일 것입니다. 직장인이라면 화가 나도 스스로를 정말로 자제해야 하지만 그중에서도 반드시 지켜야 할 세 가지 태도가 있습니다.

첫째 남의 책임은 가볍게 추궁하며 자기 자신은 엄격하게 책망

하는 자세를 견지하고, 둘째 역지사지의 자세로 용서의 마음을 가져야 하며, 셋째 원수는 물에 새기고 은혜는 바위에 새기라는 문구를 항상 되뇌는 것입니다.

직장인 특히 관리자의 화는 정말 조심히 사용해야 할 마음의 무기입니다. 심리학에서도 관리자의 화는 '잔물결 효과'가 수반되어 조직에 부정적인 영향을 미친다고 분석합니다. 특히 야단을 맞는 조직 구성원이 조직 내에서 중요한 역할을 하고 있을 경우와 상사의 명령이나 지시가 모호하고 분명하지 않을 때 부정적 영향은 더욱 크게 나타난다고 합니다.

중국 고사를 통해 관리자가 화를 참은 예를 소개하겠습니다. 중국 전국시대 위魏나라에 악양樂羊이라는 사람이 있었습니다. 그의 아들 악서樂舒는 위나라 옆의 작은 나라인 중산국中山國이라는 곳에서 초빙을 받아 높은 관직을 살고 있었습니다. 악서는 자신의 아버지를 중산국으로 모시고자 했는데 악양은 오히려 다음과 같이 악서에게 충고를 보냈습니다.

"중산국의 임금이 포악하고 무도하니 그곳에서 벼슬을 사는 것은 바람직하지 못할 뿐 아니라 위험하기도 하다. 너도 경거망동하지 말고 그곳에서 벗어나도록 해라."

그러나 악서는 아버지의 충고를 받아들이지 않았습니다. 당시 위나라는 부국강병에 힘써 천하 강국의 면모를 갖추게 되자, 군주인 문후는 무도한 중산국을 정벌하여 영토도 확장하고 국가의 근심도 없애려는 계획을 세웠습니다. 문후는 총책임자로 악양을 지명하지요. 침공을 당한 중산국 군주는 악양의 아들인 악서를 불러, 아버지를 설득시켜 군대를 철수하도록 명령했습니다. 만약 이를 시행치 못하면 악서를 죽이겠다고 하여 악서는 할 수 없이 아버지를 만나게 되었습니다. 악양은 무도한 군주를 섬긴 악서를 심하게 꾸짖었습니다. 그러자 악서는 자신이 왕에게 항복을 권할 것이니 한 달만 기다려 달라고 애걸했습니다.

그런 일이 몇 번 반복되자 악양의 부장인 서문표는 악양에게 부자의 정에 이끌려 부당한 결정을 내리는 것이 아닌지 물었습니다. 그러자 악양은 다음과 같이 대답했습니다.

"나는 중산국을 일시 점령하려는 것이 아니라 영원히 위나라의 땅으로 만들려는 계책을 쓰고 있는 것이요. 중산 백성들로 하여금 위나라가 강인할 뿐 아니라 관대하기도 하다는 점을 보임으로써 마음으로 복종하도록 만들고자 하는 것이요."

그 이야기를 듣고 서문표는 고개를 끄덕였습니다.

또 한 달이 흘러 악서가 성벽에 올라 다시 말미를 요청했지만, 이번에는 악양이 더욱 심하게 질책하며 직접 활을 쏘아 아들을 맞추고자 했습니다. 당황한 악서가 도망쳐 중산왕에게 사실을 고하자, 왕은 악서의 이용 가치가 다했음을 알고 그를 죽여 그 고기로 국을 끓여 악양에게 보냈습니다. 자식의 죽음 앞에 정신을 못 차리는 틈을 타서 악양을 치겠다는 계책이었습니다. 그런데 악양은 아들의 고기로 만든 국을 받아 망설임 없이 먹으며 못난 아들을 꾸짖었습니다. 그 후 위나라는 드디어 중산국 정벌에 성공했습니다.

돌아온 악양에게 위문후는 상자를 주면서 집에 가서 열어 보라고 말했습니다. 보물이 들어 있을 것으로 예상한 악양이 상자 속에서 발견한 것은 뜻밖에도 악양을 비난하는 무수한 상소문이었습니다. 상소문의 내용은 악양이 자식인 악서와의 사사로운 정 때문에 공격을 미루고 있으며 결국 위나라를 배반할 것이니 불러들여 벌하고 대장군을 교체해야 한다는 것들이었습니다. 그제야 상황을 깨달은 악양은 무릎을 치면서 감탄했습니다. 중산국을 성공적으로 정벌할 수 있었던 데는 자신이 아니라 위문후의 힘이 더 컸음을 깨달은 것입니다.

화가 날 때 리더는 어찌 대처해야 하는지, 부하에 대한 화를 어찌 해결해야 하는지 잘 보여 준 사례가 아닌가 생각합니다.

끝으로 분노 조절에 실패했을 때의 결과에 대한 미국심리학회 APA의 캐치프레이즈를 소개합니다.

당신이 분노를 조절하지 않으면 분노가 결국 당신을 삼켜 버릴 것이다.

APA는 '남에게 상처를 주는 분노'를 가장 나쁜 분노의 예로 들면서 몇 가지 분노 조절 팁을 알려 주고 있습니다. 먼저 화를 내지 않고 살기는 어렵다고 전제하면서 약간의 화는 정신 건강에 좋을 수도 있으니 무조건 억누르지 말고 세련되게 화를 내는 게 분노 조절의 첫째 팁이라고 했습니다. 즉, 화를 내는 동안 품위를 잃지 않고 또 상대에게 상처를 주는 언행을 피할 것을 충고하고 있습니다.

둘째 팁은 화가 나는 일에서 잠시 비켜나 지금 자신을 속상하게 하는 일 혹은 사람을 잊으라는 것입니다. 다른 기분 좋은 일과 평소에 살가웠던 사람, 평화로운 풍경을 떠올리는 일종의 분노 회피 전략을 들고 있습니다.

마지막으로는 분노가 격해지지 않도록 신체적 통제를 하는 방법을 권고하고 있습니다. APA는 크게 심호흡하고 마음속으로 '참자'나 '진정하자'라는 말을 되뇌면 격한 감정을 다스리는 데 도움이 된다고 설명했습니다.

어떤 방법이 맞는지는 개인의 성향에 따라 다를 수 있으나 분명한 것은 화를 적절하게 관리하지 않고는 직장 내 원활한 소통이 어렵다는 점입니다.

1. 관리자의 화는 조직 단합의 장애물이다. 인내와 관용으로 극복하라.
2. 관리자가 화를 냄으로써 조직이 통제된다는 생각을 버려라.
3. 조직 속의 '에너지 뱀파이어'를 반드시 찾아내 정면 대응하라.

"NO"를 외칠 때와
외치지 말아야 할 때

《손자병법孫子兵法》에 '지피지기 백전불태知彼知己 百戰不殆'라는 말이 있습니다. 적을 알고 나를 알면 백 번 싸워도 위태로워지지 않는다는 말입니다. 이 말을 여러 가지 의미로 해석할 수 있으나 제가 볼 때는 '본인을 둘러싸고 있는 환경을 먼저 분석하라'라는 뜻으로 풀이됩니다.

"모두가 '예'라고 말할 때, 자신은 '아니오'라고 할 수 있는 직장인이 있어야 한다"라는 광고 카피가 한때 유행한 적이 있습니다. 하지만 그것은 말 그대로 광고 카피일 뿐입니다. 직장생활을 하면서 그런 카피처럼 튀는 행동이나 이질적인 발언을 하면 '모난 돌이 정 맞는다'라는 식의 결과를 얻을 수 있음을 명심하기 바랍니다.

이렇게 강조하는 데는 큰 이유가 있습니다. 직장생활을 운동에 비유하면 단체 마라톤이라고 볼 수 있습니다. 즉, 해당 조직에 속한 모든 구성원이 한 방향을 바라보며 함께 뛰는 경기나 다름없습니다. 그런 운동경기에서는 함께 힘을 합해 뛰어도 부족하지요. 그런데 신입사원 혹은 중견 사원이 뛰는 행동을 하면 조직은 그런 사람을 절대 곱게 보지 않습니다. 쉽게 이야기해서 이런 돌발 행동을 하는 직원들을 회사는 '관심 인물'로 분류해 항상 색안경을 끼고 보거나 관찰 대상으로 여긴다는 것입니다.

제가 이런 말을 하면 많은 기업이나 조직에서 "우리만은 절대 그런 조직이 아니다"라고 강변하는 사람이 있을 수 있지만 그 말은 절대 믿지 마십시오. 그렇게 부정적으로 뛰는 사람을 곱게 보는 조직은 우리나라 어디에도 없습니다.

최근 취업 포털 회사인 '사람인'에서 1184개사를 대상으로 설문조사를 한 결과 78.6%가 '퇴사시키고 싶은 직원 블랙리스트'를 갖고 있다고 답을 했습니다. 1위는 주변 동료에게 부정적인 인식을 전파하는 '매사에 불평불만이 많은 직원(59.1%)'이었고, 그다음으로 무단결근 등 '근태가 불량한 직원(54.1%)'이 차지했다고 합니다. 이 조사 결과를 봐도 부정적인 행동을 하는 직원에 대한 기업들의 시각은 분명하다 할 수 있습니다.

간혹 직장 또는 사회 선배들이 경력이 짧은 사원들 혹은 아직 입사하지 않아 회사와 사회생활에 대한 막연한 동경심을 갖고 있는 후배들을 대상으로 무용담을 펼치는 경우가 있습니다.

"회사(상사)를 상대로 업무적으로 덤볐다."

"자신의 생각과 달라 원칙을 지키기 위해 상사 지시를 거부했다.”

　이렇게 자신이 속한 조직을 상대로 펼치는 무용담은 대개의 경우 실제 경험한 일이 아닙니다. 귀동냥으로 들은 이야기를 마치 자신이 직접 한 일인 양 과대 포장해 말도 안 되는 내용을 자랑삼아 말하는 것입니다. 30년 가까이 직장생활을 했지만 저는 그런 경우를 어디에서도 목격한 적이 없습니다. 간혹 들은 적은 있지만 목격담 수준이고 익명으로 부풀려져 신빙성이 떨어지는 경우가 대부분이었습니다. 만약 그런 경우가 있다고 하더라도 아마도 10년에 한 번 나올까 말까 하는 특이 사례이지, 직장 내에서 일상적으로 쉽게 접할 수 있는 상황은 아니라는 것을 꼭 염두에 두기 바랍니다.

　물론 그렇지 않은 경우도 있습니다. 상사나 회사의 요구가 부당하거나 불법적인 사항인 경우에는 언제든 “NO”를 외쳐야 합니다. 하지만 그 외의 경우에는 절대로 그래서는 안 됩니다. 이제부터 NO와 YES의 절대적인 사례를 얘기해 볼까 합니다.

　제가 사원이던 시절에는 공정거래법이 요즘처럼 강력한 힘을 발휘하지 못했습니다. 법에 따른 세부 시행안이 구체적으로 마련되기는 했지만 널리 홍보되지 않아 법 위반에 대한 기업들의 경각심이 그리 높지 않던 시기였습니다. 대표적인 위반 사례는 회사 내 다른 사업부에서 생산된 물건을 캠페인을 통해 직원들에게 판매를 권유하거나 판촉 활동 명목으로 판매와 관련 없는 부서의 인력까지도 판매 현장에 투입하는 것이었습니다. 법에서는 그중 개인별로 판매 목표량을 강제하는 점을 가장 나쁘게 보고 있습니다.

저도 신입사원 시절 출근하자마자 다른 사업부의 제품을 판매하기 위해 제품 카탈로그를 들고 발에 불이 나도록 지인들을 찾아다니기도 했습니다. 자식의 그런 모습을 안쓰럽게 여긴 부모님이 자식을 대신해 이웃집과 친척들을 상대로 구매를 권유하기도 했습니다. 하여간 판촉 시기가 되면 전 직원, 특히 부서장 혹은 팀장들은 초주검이 되고는 했습니다.

그러던 어느 날 판촉 활동 기획안을 짜던 부서에서 난리가 난 적이 있었습니다. 그 이유는 기획안을 짜던 대리가 직원 판촉 행사는 부당한 처사라고 회사와 부서장에게 반기를 들고 갑자기 사표를 낸 것입니다. 당시 그 직원은 회사 내에서 CEO는 물론 관련 부서의 모든 사람이 실력을 인정해 차기 간부 승진 후보 1순위로 손꼽히는 직원이었습니다. 그 직원이 행사의 부당성을 들어 사표를 냈고, CEO가 그 소식을 듣고는 해당 행사를 중지시켰습니다. 공교롭게도 그 사건 직후 개정 법안이 만들어져 사내 판매 캠페인이 불법행위가 되었습니다. 그 덕에 그 사원은 문책을 받는 일을 피할 수 있었습니다.

이 일화처럼 불법적인 사항에 대해 과감히 NO라 외치는 것은 전혀 문제되지 않습니다. 그런 부당한 일을 저질러 놓고 그에 대해 항의하는 조직원에게 불이익을 주는 회사가 있다면 그런 회사는 더 이상 다닐 가치가 없는 회사입니다.

이번에는 YES를 어떻게 해야 하는지에 대한 멋진 사례를 들어 보겠습니다. 미국이 쿠바를 스페인으로부터 독립시키기 위해 활동했던 시기의 사례입니다. 당시 미국 대통령은 제 25대 대통령인 윌리엄 매킨리William McKinley였는데, 그는 쿠바가 스페인과의 전투에서 승기를 잡을 수 있는 중요한 정보를 쿠바의 반군 지도자인 가르시아 장군에게 긴급히 전달하려고 했습니다. 그래서 명령을 수행할 적임자로 앤드루 로완이라는 보병 중위를 불렀다고 합니다. 당시 로완 중위는 물론 매킨리 대통령도 가르시아 장군이 어떻게 생겼고, 어느 곳에 숨어 전투를 하고 있는지 아는 것이 하나도 없는 상태였습니다. 그런데 대통령의 명령을 받은 로완 중위는 대통령에게 그 어떤 질문이나 반발을 하는 대신 "네"라는 대답만 하고 그길로 바로 쿠바로 건너가 임무를 완벽하게 해냈다고 합니다.

이 이야기는 《가르시아 장군에게 보내는 편지》라는 책에 실려 있습니다. 이 책은 1899년 처음 출간되어 현재까지 성경 다음으로 많이 팔린 책입니다. 러일전쟁 당시 일본군에 잡힌 러시아 포로 대부분이 바로 이 책을 가지고 있는 것을 이상하게 여긴 일본군 장교가 알려 일왕에게까지 보고되었다고 합니다. 이후 일왕은 모든 일본군 및 국민이 읽어야 할 책이라고 독서를 강요했다고 합니다.

물론 사원 입장에서 YES와 NO를 시의적절하게 구사했다고 해도 이를 받아들이는 상사의 심리 상태에 따라 대답의 가치는 달라집니다. 즉, 아무리 확신에 찬 YES고 NO라 할지라도 상사의 마음 자세가 일관되지 않으면 그 어떤 가치 있는 답변일지라도 빛을 잃게 될 것입니다.

중국 고사를 하나 예로 들겠습니다. 중국 사자성어 중에 '여도지죄(餘桃之罪)'라는 말이 있습니다. 글자 그대로의 뜻은 '복숭아로 말미암은 죄'입니다. 춘추 시대 위(衛)나라의 영공(靈公) 때에 일어난 이야기입니다. 영공의 남다른 총애를 받는 미자하(彌子瑕)라는 미소년이 어머니가 아프다는 소식을 듣고 군주의 수레를 빌려 타고 문병을 다녀왔습니다. 미자하의 그런 행동은 당시 법에 의하면 월형(刖刑)에 처해질 정도로 중한 죄였지만, 영공은 미자하의 효성이 지극하다면서 용서해 줬습니다. 또 어느 날은 군주의 과수원에서 복숭아를 먹다가 남은 것을 영공에게 바쳤는데, 영공이 자신을 사랑하는 마음이 지극하다면서 칭찬까지 했습니다.

그러나 세월이 흘러 미자하에 대한 영공의 사랑이 식어 버리자 앞의 두 가지 일을 들어 죄를 묻고는 미자하를 궁중에서 쫓아냈다고 합니다. 여기서 탄생된 고사성어가 여도지죄입니다. 직장인이라면 여도지죄의 의미를 잘 새겨야 할 것입니다.

위 내용을 읽으면서 어떤 느낌이 들었습니까? 마지막으로 제가 직장 선배로부터 들은 충고 한마디를 전해 드리겠습니다.

"인간이 편안함을 추구하다 보니 'NO'라는 말이 생긴 것이다. 원래 인간에게는 'YES'라는 말밖에 없었다. 그 증거가 있다. 천지 창조와 인류 최초의 행동을 기록한 성경의 창세기를 봐라.

(창 1:1) 태초에 하나님이 천지를 창조하시니라

(창 1:2) 땅이 혼돈하고 공허하며 흑암이 깊음 위에 있고 하나
        님의 영은 수면 위에 운행하시니라

(창 1:3) 하나님이 이르시되 빛이 있으라 하시니 빛이 있었고

(창 1:4) 빛이 하나님이 보시기에 좋았더라 하나님이 빛과 어
        둠을 나누사

천지가 창조될 때 하나님이 빛이 있으라 하시니 빛이 있었다고
기록되어 있는 것을 보면 인류는 태생적으로 'YES'로 시작하게 되
어 있었음을 증거하는 말이다. 반면에 부정적인 의미의 단어는 창
세기 3장 7절에서 비로소 보이기 시작하는데, 즉, 최초의 인간이
너무 편안한 생활을 하다 보니 'NO'라는 말이 생겨나기 시작한 것
으로 볼 수 있다.

(창 3:6) 여자가 그 나무를 본즉 먹음직도 하고 보암직도 하고
        지혜롭게 할 만큼 탐스럽기도 한 나무인지라 여자가
        그 실과를 따먹고 자기와 함께한 남편에게도 주매 그
        도 먹은지라

(창 3:7) 이에 그들의 눈이 밝아 자기들의 몸이 벗은 줄을 알
        고 무화과나무 잎을 엮어 치마를 하였더라

이렇듯 'NO'라는 단어는 인간의 탐욕에서부터 시작된 결과물이

니 항상 긍정적인 마인드를 갖고 회사 업무에 임하도록 하라."

어떻습니까? 제가 전한 선배의 이야기를 단순히 종교적인 관점에서만 바라보지 말고 직장생활을 하는 데 적용해 보면 어떨까요? 그러면 직장생활을 하면서 YES나 NO를 함부로 해서는 안 된다는 생각을 확실히 갖게 될 것입니다.

TIP

1. 천지가 창조될 때는 'YES'만 있었지 'NO'라는 단어는 없었다. 그렇다고 YES MAN이 되라는 것이 아니다.

2. 'NO'를 외치기 전에 스스로 나태해지지는 않았는지 돌아보라.

3. '위기'를 거꾸로 하면 '기회'와 비슷해지듯, 'NO'는 거꾸로 하면 'ON'이 된다. 매사에 긍정적인 마인드로 임하자.

5년마다
다시 세우는 계획

직장인이라면 업무적인 측면 외에 최소 두 가지 분야에 대해서는 반드시 관심을 가져야 합니다. 이에 대해서는 전문가 수준은 아니더라도 그에 버금가는 실력을 키우기 위해서는 항상 자신만의 '촉'을 갈고닦아 놓아야 합니다.

그 하나는 재테크 분야이고 다른 하나는 자신의 직무 경험에 관한 사항입니다.

우선 재테크 분야에 대해 이야기하겠습니다. 재테크라고 하면 대개의 직장인은 회사로부터 얻은 지식을 근거로 주식이나 펀드에 가입해 보라는 의미로 해석합니다. 제가 말하려는 것은 그보다는 자신의 건전한 재무 설계에 시간을 투자하라는 이야기입니다.

취직을 하면 어떻게 알았는지 귀신같이 알고 연락을 해 오는 친인척 및 동창들이 있습니다. 그들 대부분이 보험회사, 은행 및 카드사와 연관된 직장에서 근무하는 사람들이라고 보면 정확할 것입니다. 하여간 취직한 것을 어떻게 알았는지 제일 먼저 득달같이 전화를 걸어옵니다. 처음에는 그런 전화를 받으면 '나도 이제 이런 대접을 받게 되었구나' 하는 생각에 가슴이 뿌듯해지기도 합니다. 하지만 가슴 한편으로는 '카드를 만들어야 하나, 혹은 그 은행에 월급 통장을 만들거나 정기적금을 들어야 하나' 하는 부담감으로 불편한 게 사실입니다.

그런 전화를 받기 훨씬 이전에 주변의 권유나 개인적 사정으로 인해 적금, 카드, 펀드 등 금융 상품에 이미 가입해 버렸다면 참 난감한 상황에 처하게 됩니다. 계속 걸려 오는 가입 권유 전화에 일일이 거절하기도 그렇고, 그렇다고 유사한 계약을 여러 개 들 수도 없는 처지이기 때문입니다.

'피할 수 없으면 즐겨라'라는 말이 있듯이 그런 종류의 전화를 거절할 수 없는 상황이라면 그런 전화로부터 제공되는 정보를 적극적으로 활용하기 바랍니다. 자신의 미래 설계 즉, 재테크의 도구로 활용하라는 것입니다. 보험이 되었든 카드가 되었든 간에 누군가 계속 가입을 권하는 상품이 있다면 무조건 외면만 하지 말고 관련 자료를 면밀히 검토해 자신의 재테크를 위한 정보로 취하면 됩니다.

이런 자료에는 대부분 공통된 특징이 있습니다. 가입자의 입장에서 설계를 잘해 준다고는 하지만 속내를 들여다보면 대개 권유자의 이익을 극대화하는 측면으로 금융 상품이 설계된 경우가 더 많습니다. 그런 경우 자칫 가입자가 손해 볼 우려가 있기 때문에 여러 회사의 상품 견적을 비교해 봐야 합니다. 그렇게 자료를 뒤지다 보면 의외의 좋은 정보를 발견할 수도 있으니 이를 적극 활용하길 권유합니다.

하지만 이를 자신의 것으로 만드는 데는 고도의 전략이 필요합니다. 가장 중요한 것은 절대로 가입 권유자와 직접 만나서 해당 자료를 건네받지는 말아야 합니다. 혹시라도 마주 보고 자료를 건네받을 경우 상대에 대한 안타까운 감정이 생겨 본의 아니게 가입할 우려가 있기 때문입니다. 따라서 이미 금융권에 가입한 사람이 관련 자료를 건네받을 때는 반드시 이메일로 보내 달라고 하는 것이 좋습니다. 자료를 받아 검토한 후 가입할 필요가 없으면 "검토해 본 결과 내가 이미 가입한 것과 큰 차이가 없으니 이 상품 말고 차후에 다른 상품에 가입할 일이 있으면 꼭 연락드리겠습니다"라는 식으로 인간적인 예의를 갖춰 거절하는 것이 가장 좋습니다.

만약 가입할 필요가 있을 경우 정보를 꼼꼼히 체크해 봐야 합니다. 특정한 회사의 자료로만 판단하지 말고 경쟁 업체의 견적도 받아 비교해 본 후 결정하는 것이 좋습니다. 굳이 만나서 자료 설명을 한다고 하면 많은 사람이 있는 등 상품 설명이 어려운 장소를 선택해 상대의 의도가 무산되게 만드는 것도 하나의 방법입니다. 이런 전략을 택하는 이유는 자칫 달콤한 유혹에 넘어가 원하지 않는 상품에 가입하는 것을 적극적으로 막기 위해서입니다. 그런 자리에서는 "이 자리에서는 좀 집중하기 어려우니 자료를 보내 주면 찬찬히 검토해 보고 연락을 주겠습니다"라는 말이 자연스럽게 나올 수 있기 때문입니다.

본론은 지금부터입니다. 대개의 직장인이라면 입사 6개월 이내에 보험과 적금, 펀드 등 금융 상품 한두 개 정도를 가입하고 나면 해당 상품의 만기가 될 때까지 자신이 가입한 상품에 대해 관심을 두지 않습니다. 이런 경우는 아예 자기 돈을 그냥 다 내다 버리고 있다고 보면 됩니다.

저의 경험을 이야기하겠습니다. 취직이 됨과 동시에 어머니의 강권에 못 이겨 한동네 사는 보험 모집인 아주머니를 만나 보험이라는 것에 처음 눈을 떴습니다. 그 후, 첫아이가 태어날 즈음 가장으로서의 책임도 느껴지고 또 어떻게 하면 내 집을 빨리 마련할 수 있을까 고민하던 차에 집은 고사하고 아이 교육비와 우리 부부의 노후 자금 준비가 부족한 것을 발견하게 되었습니다.

요새는 국민연금이라는 반강제적인 연금제도가 있어서 풍족하지는 않지만 어느 정도 기초적인 노후 자금이 마련됩니다. 그런데 그 당시는 국민연금도 생기지 않은 상태라 정말 앞이 깜깜했습니다. 내 집 마련 플랜과 아이 출생이 겹치다 보니 상당한 어려움에 봉착하게 되었고, 이를 타개하는 방안을 수립하는 과정에서 그간 내가 가입했던 보험 상품의 보장 내역을 면밀히 재조사하게 되었습니다. 그런데 내용이 너무도 부실하게 구성되어 있음을 확인하고는 이를 대대적으로 수정하기로 마음먹었습니다. 저는 보험과 펀드 담당자를 불러서 개별 상담도 하고 나름대로 공부도 하여 이 상품에서 부족한 것은 저 상품으로, 또 저 상품에서 부족한 것은 또 다른 상품으로 보완하는 방식으로 보험 및 펀드를 보충해서 가입했습니다. 그러다 보니 한때 보험에 가입한 상품 종류만 많게는 열 가지에 달한 적도 있었습니다. 일련의 과정을 거치면서 저는 재테크와 관련된 나만의 원칙을 세우게 되었습니다. 즉, 제가 가입한 적금이나 보험에 대해서는 최소 5년에 한 번씩은 전문가들로부터 컨설팅을 받는다는 것이었습니다.

보험과 펀드를 예로 들어 보겠습니다. 가입할 당시에는 최적의 상품이라고 생각하지만 시간이 지나면 자신의 상황이 최초 보험을 가입할 당시와 달라집니다. 또, 신규 상품에 더 좋은 보장 내역이 있을 수 있기 때문에 한 번 가입한 상품이 마치 가입자의 모든 것을 보완하고 있다는 생각을 해서는 안 됩니다. 따라서 이미 가입된 상품을 보완하거나 새로운 상품을 검토하고자 할 때는 최초로 자신이 가입할 당시 재테크 설계를 해 줬던 곳이 아닌 별도의 업체 혹은 경쟁사를 택해 자신이 가입한 모든 보험 또는 펀드 상품의 내역을 최소 5년 주기로 재분석해 볼 것을 권유합니다. 그래야만 진정한 재테크가 이뤄질 수 있습니다.

두 번째는 자신의 직무 경험에 관한 사항입니다. 과거에는 한 우물만 파는 게 진정한 직장인이고 멋진 직장인이라고 말했습니다. 그런데 지금과 같이 기술이 하루가 다르게 변하고 소비자의 요구가 다양화된 사회에서는 하나의 기술과 경력만으로는 세상을 살아가기 어려운 게 현실입니다. 지금 자신이 속한 부서가 퇴직 때까지 지속되고, 회사 근무 당시 습득한 기술이 퇴직 후까지 이어질 것이라는 환상을 갖고 있는 사람은 이제 없을 것입니다. 그런 생각을 하지 않는 게 지극히 정상입니다.

그렇다면 어떤 방식으로 준비를 해야 할까요? 회사에 입사하는 많은 사람이 직장에서의 최종 목표가 CEO라고 이야기합니다. 물론 지극히 정상적입니다. 꿈을 높게 갖는 것은 개인의 자유지만 사춘기 소년도 아닌 성인 직장인이라면 자신의 현실과 스스로의 수준을 재평가해 직장에서의 최종 목표를 조정해야 합니다. 목표를 수정하거나 방향 선회가 필요한 것은 아닌지 지속적으로 검토하는 것이 올바른 직장인의 자세입니다. 즉, 막연하게 '높은 사람이 되겠다'라는 목표가 아닌 '나는 구매 전문가가 되겠다. 그러기 위해서 구매 전문가 자격증을 3년 안에 취득하겠다'라든가 '유통 분야의 마케팅 전문가가 되겠다' 혹은 '기술 전문 변리사 자격증을 취득하겠다' 등의 구체적인 목표를 세워야 합니다. 그 목표는 당연히 실현 가능성이 있는 것이어야 합니다. 또 연도별·단계별로 도전 목표를 세워 가면서 나름대로 직무 개발 플랜을 세워야 합니다. '나는 대기업에 다니니까, 나에게는 특화된 기술이 있으니까 회사와 사회가 나를 절대 무시할 수 없을 것'이라는 막연한 자부심을 갖는 것은 금물입니다.

대개의 직장인을 보면 이 부분이 가장 약합니다. 그냥 막연히 '사원에서 대리, 대리에서 과장이 되는 날만 기다리자', '그게 잘 안 되면 장사 또는 사업이나 하자'라는 안일한 목표를 세우고 사는 사람들은 퇴직한다 해도 삶에 별다른 변화가 생기지 않습니다. 직장에서의 생활이 그렇게 막연했는데 사업이라고 똑떨어지게 할 수 있겠습니까?

직장인으로서의 그런 삶의 자세는 바람직하지 못합니다. 뿐만 아니라 스스로 퇴보하는 생활인이 된다는 것을 명심하기 바랍니다. 직장에서 성공하기를 꿈꾸는 사람이라면 직장생활을 열심히 하면서 재테크든, 회사에서의 성공이든 자신의 목표를 세워 퇴직하는 그날까지 그 목표를 향해 밀고 나가야 합니다. 최소 3~5년 동안의 의욕적인 도전 스케줄을 직접 만들어 보고, 냉정한 자기평가도 하면서 목표를 달성하기 위해 자신에게 부족한 부분이 무엇인지 또, 스스로 세운 목표가 현실적인 것인지 아니면 새로 수정할 사항은 없는지 주기적으로 살펴봐야 합니다.

TIP

1. 자신의 재테크와 직무 경험에 대한 재평가는 최소 5년에 한 번씩 해야 한다.

2. 회사의 구성원이기 이전에 '나는 자신이라는 회사의 CEO'임을 잊어서는 안 된다.

3. 내일은 오늘의 연장이다. 내일을 대비하지 않는 자에게는 오늘도 없다.

개인 정보와
직장생활과의 관계

    과거에는 회사를 입사하든, 어느 조직에 새로 편입되든 해당자의 신상명세서를 작성하는 게 일반적인 관례였습니다. 이를 통해 조직의 장이나 상사 혹은 동료들이 본의 아니게 해당자의 가족 관계를 파악하게 됩니다. 그래서 새로 들어온 인물에 대한 현재 상태를 가늠하곤 했지요.

    제가 다녔던 회사에서 미국에 지사를 개설하기 위해 현지 여직원을 면담한 적이 있습니다. 현지 면접자가 아마도 한국식으로 응시자에게 가족 관계와 흡연 및 기혼 여부 등을 물어보았던 모양입니다. 면접에 붙은 사람들은 문제 제기를 하지 않았지만 떨어진 응시자들이 회사로부터 사생활 침해를 당했다고 고소해 한참 시끄러웠던 적이 있습니다. 당시 그 이야기를 들으며 별일이 다 있다며 크게 웃었던 기억이 납니다. 그런데 이제 우리도 그런 형태의 사회로 나아가고 있는 것 같습니다.

요즘은 개인 정보와 관련된 정보 취급을 법제화하여 국가가 통제하고 있는 상태에서 함께 일하는 동료들의 개인 정보를 파악한다는 것 자체가 아주 어려워졌습니다. 하지만 조직에서 단기간 내에 자신의 위상을 공고히 하려는 사원이라면 조직원들의 신상 명세 파악을 게을리해서는 안 됩니다.

회사에 다니면서 이런 분야에까지 신경을 써야 하는지 의구심을 가질 수도 있습니다. 분명한 것은 함께 일하는 동료나 상사의 심리 상태를 파악하거나 혹은 그들과 친밀한 유대 관계를 맺는 가장 확실한 방법은 상대방의 신상 명세를 파악하는 데서부터 출발한다는 것입니다. 신상 명세를 파악하려고 개인의 시시콜콜한 사생활까지 캐라는 것은 아닙니다. 누구나 쉽게 알 수 있고, 또 자연스런 공개가 가능한 부분만이라도 관심을 가지라는 것입니다.

여러 경험을 통해 확인한 결과, 부부 사이가 안 좋은 직원은 회사에서도 동료와의 관계가 좋지 않았습니다. 또, 부모님과의 관계가 매끄럽지 못한 사람은 역시 상사나 부하와의 관계도 좋지 않은 경우가 많았습니다. 종교, 형제, 자식의 유무와 자녀의 성별 구성 등은 상대를 파악하는 데 귀중한 자료로 활용할 수 있습니다. 특히 그런 자료를 통해 나오는 정보는 업무 추진력과 다른 직원과의 관계 등에 커다란 영향을 끼칩니다.

조직 속에서 발군의 실력을 발휘해 조직을 압도하거나 상대와의 친밀성을 제고하기 위해서는 일상적인 대화에서도 동료가 강조하는 포인트가 무엇인지 신경 써야 합니다. 대화 내용을 기록하는 것까지는 아니더라도 집중하여 듣고 기억하려 노력하면 수월하게 관련 정보를 얻을 수 있습니다. 또, 그 습득된 정보를 바탕으로 동료의 현재 심리 상태를 파악하면 업무를 추진함에 있어 상당한 효과를 얻을 수 있을 것입니다.

경험에 의하면 신상 정보 중에서 가장 효율적으로 활용할 수 있는 사항은 바로 가족 관계 혹은 가족 간의 친밀 관계에 대한 정보입니다. 이런 것들을 대화의 소재로 삼는 것이 효과적인데 이런 정보는 비교적 간단하게 얻을 수 있습니다. 사회와 직장 혹은 개인적 유대 관계의 형태가 바뀌었다 해도 사람들이 부딪치며 살아가는 패턴은 바뀔 수 없다고 봅니다. 즉, 직장인들은 술자리 혹은 개인적인 대화 자리에서 한 번쯤은 자신의 자녀나 가족에 대한 고민을 이야기하는 순간이 있습니다. 아니 그렇지 않더라도 상대가 항상 관심을 기울이고 있는 분야에 대해 짧은 코멘트라도 하기 때문에 이를 놓치지 않고 머릿속에 정리해 둘 필요가 있습니다.

상대 직원의 주요 관심사나 가족 이름, 가족 형태 등을 잘 기억해 두었다가 개인적으로 그 직원과 친밀해지고자 할 경우 이를 활용하면 큰 도움이 됩니다. 직원 간의 소통은 물론 업무적 협조를 받을 때도 아주 유용하게 쓸 수 있습니다.

물론 이런 것을 싫어하는 사람도 있습니다.

어느 해인가 고졸 직원을 대거 채용한 해가 있었습니다. 그중에 특히 기억나는 직원이 2명 있습니다. 어느 출근 시간, 입간판을 전문으로 그리고 설치해 준다는 광고를 부착한 조그만 화물차 한 대가 회사 정문 앞을 쏜살같이 지나 후미진 골목길 앞에 멈췄습니다. 저는 도심지 한복판에 있는 회사 근처에서 이른 새벽부터 입간판 차가 다니는 것을 본 적이 별로 없었기 때문에 멀리서 그 차를 구경했습니다. 그런데 그 차에서 얼마 전 입사한 고졸 직원 중 한 명이 내리는 것이었습니다. 나중에 이런저런 경로를 통해 확인해 보니 그 직원의 아버지는 보증을 잘못 서서 다니던 회사를 그만두고 입간판 회사를 차렸다고 했습니다.

그 후, 우연한 기회에 그 직원과 부모님 직업에 대한 이야기를 나누게 되었습니다. 그런데 그 직원은 어떠한 말도 없이 황급히 자리를 떴습니다. 아버지 이야기는 더 이상 저와 나누고 싶지 않았던 것입니다.

또 다른 직원은 유독 과일을 자주 가지고 회사에 출근했습니다. 제가 농담 삼아 "너는 과일집 딸이냐? 매일 그렇게 과일을 들고 다니게?"라고 말하자 그 직원은 화들짝 놀라며 대답했습니다.

"부장님이 저희 집이 과일집이라는 것을 어떻게 아셨죠?"

그러면서 한마디 덧붙였습니다.

"저희 아버지, 어머니께서 함께 ○○시장에서 과일 행상을 하세요. 아참, 과장님 저희 집 과일이 동네에서 가장 맛있는데 한번 사러 오세요. 싸게 많이 드리라고 부모님께 특별히 말씀 드릴게요."

위의 두 직원은 나중에 어떻게 되었을까요? 과일집 딸은 직장을 아주 오래 다녔음은 물론이고 직장생활 내내 주변 동료나 상사와도 건전한 대인 관계를 유지했습니다. 우수한 사원으로 생활하다 사내 결혼을 통해 가정을 꾸렸다고 합니다. 그런데 간판집 딸은 몇 개월 다니다 회사에 정을 붙이지 못하고 퇴사했다고 합니다. 게다가 그 후 그녀가 어떻게 되었는지 알고 있는 사람은 아무도 없다고 합니다.

이 두 직원의 일화는 굉장히 중요한 의미를 전달합니다. 자신의 부모와 부모의 직업 그리고 자신의 형제나 가족을 자랑스럽게 생각하지 않는 조직원은 회사나 자신이 속한 조직 역시 결코 사랑하지 않는다는 것을 보여 준 사례라고 저는 지금도 생각하고 있습니다.

어느 회사에서든 확인해 보십시오. 집안이 화기애애하거나 형제애가 두터운 집안, 사랑을 듬뿍 받은 조직원이 많은 회사의 분위기는 뭐가 달라도 한참 다를 것입니다.

1. 일상적인 대화 속에서 상대의 신상을 파악해 자신만의 대화 소재로 삼아라.

2. 부모를 자랑스러워하지 않는 사원은 회사나 소속 부서에 애정을 갖지 않는다.

3. 직원의 자녀 이름, 형제 관계 및 부모의 생존 여부 파악은 직원의 현재 상태를 알 수 있는 가장 기본적인 자료다. 적극적으로 수집해라.

미운 놈에게
떡 하나도 주지 말라

어느 조직이든 평범한 조직원이 어느 날 갑자기 조직에서 문제 있는 인물로 평가된다면 그에 맞는 합당한 이유가 있게 마련입니다. 회사는 자라 온 환경이나 생활 방식이 서로 다른 사람들이 모인 조직입니다. 그러다 보니 개인으로는 뛰어난 인력임에도 불구하고 단체 생활하는 가운데 여러 요인으로 인해 외톨이가 되는 일이 부득이하게 발생합니다.

대다수의 부서장은 그런 인력이 애초부터 발생하지 않도록 혼신의 힘을 다해 지도하고 관리하겠지만 모든 조직원이 다 부서장과 같은 마음을 가진 것은 아닙니다. 그래서 반드시 손길이 미치지 않는 조직원이 나오게 마련이며 그 조직원은 외톨이가 됩니다. 조직적인 측면에서의 외톨이는 조직원들의 관심과 배려에 의해 쉽게 사람들과 다시 어울릴 수 있습니다. 그러나 이른바 '잘난 척' 외톨이는 치유가 불가능하다는 게 다년간 직장생활을 한 제 판단입니다.

그런데 이상한 현상이 하나 있습니다. 조직에서 왕따 당하는 동료에게 따뜻한 인간애를 보인다든지, 애틋한 동료 의식을 갖고 따돌림 당하는 동료를 감싸 안는 조직원이 있다면 그런 조직원을 감싸 준 조직원까지 왕따 취급을 받는다는 점입니다.

간혹 회사들이 조직을 개편하면서 효율화 혹은 비상 경영 체제라는 이름으로 부서를 통폐합하는 경우가 있습니다. 제가 재직할 당시 그런 경우가 발생해 통폐합 대상 부서의 인력이 저에게 면담을 요청한 일이 있었습니다. 그는 자신의 부서가 조직 개편으로 폐지 대상이 되었는데 다른 곳으로 전배 가느니 유사 업무를 하는 우리 부서로 옮기고 싶다고 말했습니다.

저는 평소 그 조직원의 성향도 알고 있고, 이전 부서에서의 개인적인 업무 실적을 조사해 봐도 그리 나쁜 편도 아니고 해서 그를 우리 부서로 받아들이겠다고 결정했습니다. 그런데 부서원 회의에서 이런 의사를 밝히자 부서원 전체가 그 결정을 탐탁지 않게 여겼고 어떤 사람은 노골적으로 싫은 기색까지 보였습니다.

과거 그 조직원과 함께 근무했던 부서장까지 그의 영입을 노골적으로 반대하며 저를 만류했습니다. 나중에 파악한 사실이지만, 그 인력은 전 부서에서 관련 부서는 물론, 심지어 같은 부서 직원들하고 신입사원 시절부터 사사건건 분쟁을 야기하던 소위 '트러블 메이커'였던 것입니다. 그는 한마디로 많은 사람에게 골치 아픈 존재였습니다. 자기 위에는 오직 CEO와 직속 임원만 있을 뿐 부서장이고 동료고 다 필요 없다고 생각하는 사람이었는데 저만 파악하지 못했던 것입니다.

이런저런 정보를 종합한 후 저는 다음과 같은 중대한 결론을 내렸습니다.

"사람은 환경에 의해 바뀐다. 그 사람이 일을 잘 하고 문제를 일으키지 않도록 내가 잘 관리해 보겠다."

조직을 운영하다 보면 이런저런 직원이 다 있습니다. 그 직원의 마음까지도 잘 어루만져 조직 전체가 한 방향으로 나아가 조직의 목표를 달성할 수 있도록 하는 게 진정한 조직의 리더의 조건입니다. 저는 그 마음으로 직장생활을 해 왔기 때문에 전체 부서원이 반대하더라도 문제의 인력을 인간적으로 감싸 주기로 했습니다. 그러면 업무는 물론 조직에도 큰 도움이 될 것이라는 생각을 갖고 전배를 받아들였습니다.

그런데 함께 근무를 시작한 후 얼마쯤 지나 그 직원의 본질적인 성향 즉 숨겨져 있던 진짜 인간성이 나타나기 시작하였습니다. 한마디로 다른 부서에 있을 때 저를 대하던 태도와 행동이 같은 부서로 와서는 완전 딴판이 된 것입니다. 소위 말하는 '이중인격' 수준이었습니다. 저를 더욱 당혹하게 한 것은 그의 안하무인격 행동이었습니다. 그 친구와 퇴근 방향이 같아서 퇴근길에 많은 대화를 하며 그의 문제 있는 행동에 대해 시정하라고 충고했지만 그는 요지부동이었습니다. 자신의 가치관이나 업무 기준은 누가 무어라 해도 절대적인 것이며 수정할 의사가 없음을 분명하게 저에게 주장했습니다.

만약 누군가 자신의 이야기에 반대를 하거나 비판을 할 경우 그는 거의 싸움 수준의 토론을 요구했습니다. 저는 그가 좀 황당한 성격의 소유자라는 것을 시간이 한참 흐른 후에야 알게 되었습니다. 제가 뒤늦게 그의 인간성을 파악하고 놀라자 그를 아는 모든 이가 한결같이 "그런 인간 그런 줄 몰랐어요?"라고 말했습니다. 한마디로 맥이 빠지는 순간이었습니다. 제가 그때 종합적으로 내린 결론은, 조직과 조직원 대다수가 싫어하는 인력은 분명한 어떤 이유가 있다는 사실이었습니다.

다른 일화가 있습니다. 회사 재직 당시, 저희 부서의 업무량이 늘면서 관련 부서로부터 간부급 인력을 받아야 하는 상황이 발생했습니다. 우리 부서의 그런 사정을 잘 아는 인근 부서의 중간관리자가 저를 찾아왔습니다. 그는 자신의 능력과 경험 등을 소개하며 부서에서 충원하려는 인력으로 자신이 적합하니 자기를 꼭 불러달라고 요청했습니다. 저는 마침 그런 인력이 반드시 필요했기 때문에 그의 부서장을 찾아가 해당 인력에 대한 전배 협조를 구했습니다.

자기 부하 사원을 다른 부서에서 보내 달라고 요청할 경우, 아무리 좋지 않은 직원이라 할지라도 그 자리에서 바로 "그럽시다" 하고 순순히 보내는 부서장은 없습니다. 그런데 제 협조를 요청받은 부서장은 다른 설명 없이 만면에 미소를 지으며 언제든지 데려가라고 하는 것이었습니다. 저와 저희 부서장은 왠지 찜찜했지만 인력 충원이 쉽게 이뤄져 다행이라고 생각했습니다.

시간이 지나 전배 온 그 사원은 우리 부서 업무에 익숙해지자, 머리를 딴 데로 쓰기 시작했습니다. 그는 우리 부서가 사장을 비롯한 여러 임원으로부터 큰 관심과 배려를 받고 있는 줄 알았던 것입니다. 그런데 생각했던 것보다 관심을 끄는 부서가 아니라는 것은 물론, 그리 특별한 대접을 받지도 못한다는 것을 알자 슬슬 태업怠業 비슷한 것을 시작하였습니다. 끝내는 부서장과 직속 상사인 저를 공공연하게 비방하고 자신의 부하직원 혹은 다른 부서원과 심심찮게 언쟁을 벌였습니다.

저는 그 직원의 몰지각한 행태를 들을 적마다 그를 불러다 충고를 했습니다. 업무도 중요하지만 조직 구성원 개개인에 대한 인격을 무시하는 듯한 발언으로 아래 직원들에게 상처 주지 않도록 여러 차례 당부하고 경고했습니다. 그런데 그는 전배 온 지 1년 반 만에 우리 부서를 떠나겠다는 마음을 굳혔습니다. 그리고 저의 충고 따위는 귀에 담으려 하지도 않았습니다. 더욱이 틈만 나면 조직 비방, 상사나 부하에 대한 비아냥 등을 일삼았습니다. 더 이상 그와 같이 근무했다가는 조직 전체가 무너질 수 있다는 생각에서 부서장과 협의하여 그를 다른 부서로 보내기로 결정하였습니다.

어느 날, 그는 저를 찾아와 전배 갈 부서가 정해졌으니 빨리 보내 달라는 식으로 이야기해 저를 놀라게 했습니다. 마음 한편으로는 전배 요청서 결재를 미루어 골탕을 먹일까 하는 마음도 있었습니다. 그런데 그런 인력은 데리고 있어 봤자 골치만 아프고 조직에 득이 될 것 같지 않았습니다. 그래서 서둘러 결제해 줬습니다. 그 인력을 우리에게 보내며 한 치의 망설임 없었던 전번 부서장의 행동이 이해가 되었습니다. 우리는 그를 보내며 '아주 뛰어난 조직원'이라는 부연 설명까지 하면서 다른 부서로 일종의 '폭탄 돌리기'를 하였던 것입니다.

그 친구는 그렇게 가고 싶어 했던 부서에서도 역시 우리 부서에서 했던 것과 비슷하게 행동했다는 소식을 들었습니다. 1년 만에 또 다른 부서로 옮겨갔으며 자신이 몸담고 있는 부서가 조직 개편에서 밀리자 또다시 다른 곳으로 옮겨갈 곳이 없나 심각하게 고려한다는 소리를 듣고 씁쓸히 웃었던 기억이 납니다.

위의 두 일화는 제가 직접 겪은 것으로써 지금 생각해 봐도 그들과 함께한 시간은 악몽 그 자체였습니다. 두 사람 모두 고위 간부가 될 수 있는 여건이 되어 있지 않았습니다. 하지만 저는 직급이 사람을 만든다는 신념을 가지고 그들도 직급이 높아지면 달라질 것이라 기대했습니다. 그래서 그들의 실적을 좀 더 챙겨 주기 위해 많은 노력을 했고 실제 그런 결과도 많이 얻어 냈던 게 사실입니다. 하지만 거기까지였습니다. 그들에게는 실력은 있었을지 모르지만 조직이 진짜 필요로 하는 인간미나 조직 화합력이 전혀 없었습니다. 뿐만 아니라 그들이 잘난 척 외톨이였다는 것을 정확히 알게 되었습니다.

세월이 흐른 지금 그 직원들의 행동을 생각해 보니 회사에서 어려움에 처한 인물들에게는 모두 다 그럴 만한 이유가 있었다는 생각이 듭니다. 그래서 그런 사람들에게 절대 구원의 손길을 내밀어서는 안 된다는 생각을 하게 됩니다.

생각해 봅시다. 아무리 우리 부서가 '삼고초려'를 해서 데리고 왔다고 해도, 또 그 직원이 우리 부서가 원하는 스펙에 딱 맞는 인물일지라도 다른 부서에서 쉽게 내주는 인력은 뭔가 문제가 있는 직원이라고 보면 정확할 것입니다. 실력이든 인간성이든 어떤 측면에든 우리가 알지 못하는 어떤 문제가 있어 그 부서에서 그를 쉽게 내주는 것임을 알아야 합니다. 여러 면에서 흠잡을 데 없는 직원을 쉽게 다른 부서로 보내는 부서장은 절대 없습니다.

가끔 여러분이 근무하는 부서로 옮겨 오고 싶다고 상담을 청하는 선후배가 있을 수 있습니다. "내가 여기 오면 잘할 수 있다"거나 "내 스타일에 딱 맞는 부서다"라는 등의 달콤한 이야기를 그들로부터 듣게 될 것입니다. 그런데 그런 사람들이 새로 옮긴 부서에서 괄목할 만한 실적을 냈다는 이야기를 저는 회사를 다니는 동안 한 번도 들어 본 적이 없습니다. 물론 목격한 적도 없습니다. 부서를 옮긴 사람이 새로 옮긴 부서에 적응하지 못하고 또다시 새로운 둥지 즉, 부서를 찾아 떠나는 경우만 많이 보았을 뿐, 옮긴 부서에서 멋진 실적을 냈다는 이야기는 거의 듣지 못했습니다.

한 번 마음이 변한 사람은 두세 번 변할 수 있습니다. 마찬가지로 한 번 임의로 부서를 바꾼 사람은 또 바꿀 수 있음을 저도 뒤늦게 알게 되었습니다. 그래서 앞에서 언급한 것과 같은 악몽을 겪은 것입니다. 하지만 어쩌겠습니까? 어떤 형태로든 저와 관계를 맺고 한동안 함께 근무했던 직원들인데 그 직원들의 앞날을 축원할 뿐입니다.

제가 회사에 다니며, 또 인력 관리 측면에서 실수도 하면서 느낀 점은 직원들에게 살갑게 해 줄 필요도 없고 그렇다고 너무 홀대할 필요도 없다는 것입니다. 부서를 옮기는 사람들은 다 이유가 있어서 옮깁니다. 분명한 것은 한 번 변한 친구는 언젠가 또 변한다는 것입니다.

미운 놈은 그저 미운 놈일 뿐입니다. 떡 하나도 주지 말아야 합니다. 그가 떡을 받고, 안 받고 하는 문제는 그 자신이 어떤 행동을 했느냐에 달린 것이지 상사나 선배가 해 줄 수 있는 문제가 아닙니다. 아무 생각 없이 떡을 내밀었다가는 문제의 상대가 떡 주는 당신의 손가락까지 물 수 있다는 사실을 잊지 마십시오.

1. 미운 놈은 미운 놈일 뿐, 떡 하나도 주지 말라. 떡이 있으면 당신이 먹어라.

2. 함부로 동정심을 보내지 말고, 절대 부하에게 등을 보이지 말라.

3. 그 누구라도 언제든 떠날 사람이다. 너무 인간적·감상적인 면을 남기지 말라.

깐깐한 상사
내 편 만들기

직장생활에 있어 완벽한 보고라는 게 있을 수 있을까요?

퇴직자로서 돌이켜 보니 완벽함이란 거의 불가능에 가까운 말이라는 생각이 듭니다. 아무리 완벽함을 추구해서 업무를 추진해도 반드시 수정 사항이 발생했고, 또 추진하는 과정에 생기는 무수한 변수 때문에 당초 의도와 달리 상당한 변화가 생기곤 했습니다. 특히 중요한 일을 추진할 때 더욱 그러했습니다. 그럼에도 불구하고 대개의 직장 선배들과 우리가 속한 모든 조직은 항상 완벽하게 할 것을 요구합니다.

하지만 이것만큼 허무맹랑한 이야기도 없을 것입니다. 신이 아닌 이상 완벽할 수 없는 게 현실입니다. 그럼에도 불구하고 오늘도 어느 조직이든 '완벽'을 외쳐 대고 있습니다. 그렇다고 어떤 일이든 완벽하게 추진되었다는 이야기는 어느 곳에서도 들어 본 적이 없습니다.

회사에서는 보통 사원이 작성한 사항을 대리가 수정하고 그 수정본을 과장, 부장, 임원이 차례로 수정하는 것이 일반적입니다. 어떤 경우에는 원래 기획 의도와는 전혀 다른 엉뚱한 방향으로 관련 보고서가 만들어지고 심지어는 최종 결재가 전혀 다른 방향으로 나는 경우도 있습니다. 최종 결재권자가 자신의 의도대로 직접 작성하지 않는 한, 결재권자가 아닌 타인이 만든 모든 보고서는 절대 완벽할 수 없습니다.

결재권자도 신이 아니기 때문에 하나의 안案으로 모든 것을 결정할 수 없습니다. 그래서 중요 보고서를 만들 때는 반드시 기본안과 함께 상황 변화에 대응할 수 있는 별도 시나리오 1안, 2안 등을 만들어 제시하게 됩니다. 그럴 때 완벽함을 추구한다는 명분으로 아랫사람에게 과도한 시뮬레이션을 요구하는 경우가 많은데 이는 참으로 답답한 일이 아닐 수 없습니다.

물론 그 정도는 양반입니다. 완벽함을 표방하면서 엉뚱한 방식으로 완벽함을 추구하는 상사가 있을 경우 정말로 난감합니다. 직장생활에서 그런 상사를 만나면 최악의 상황을 맞이하게 됩니다. 이런 경우는 백약이 무효이며 그 어떤 대책 수립도 난망합니다. 별 생산성도 없는 일에 완벽을 기한다고 죽기 살기로 덤벼드는 사람을 상사로 만나면 정말 피곤하다 못해 직장생활에 회의를 느끼기도 합니다.

이런 상사들은 절대 자신의 잘못을 모르고, 기획한 일이 잘못되거나 틀어지면 전부 부하직원 혹은 주변 탓으로 돌리는 경향이 있습니다. 예를 들면 보고서를 작성할 때 보고의 내용이나 주제는 물론이거니와 결론에는 처음부터 아예 관심이 없는 것입니다. 오로지 보고서의 포맷, 글자 크기, 맞춤법, 행간의 정렬 상태, 띄어쓰기와 글자체 등 보고의 내용과는 절대 상관없는 내용만 갖고 거의 목숨을 걸듯 지적합니다. 정작 중요한 사항에 대해서는 이야기를 꺼내지도 못하고 시간만 끌다 보고 타이밍을 놓치는 경우도 있습니다. 그런 경우 보고를 기다리던 임원이나 CEO가 관련 보고서를 긴급히 찾으면 심지어 보고서 없이 간단히 구두 보고로 끝내 버리기도 합니다.

황당한 것은, 왜 그렇게 시간을 지체하느냐고 물으면 백이면 백 모두가 "보기 좋은 떡이 먹기도 좋지 않냐?"라고 자기변명하기 바쁘고, 아랫사람들에게는 "너희가 못하니까 그런 세세한 것까지 내가 다 신경 써야 해서 일을 제대로 할 수가 없다"라는 식으로 난리를 친다는 것입니다. 참으로 대책이 없는 상사입니다.

이런 상사들을 자세히 관찰해 보면 가정에서도 그리 화목하지 않거나 사회적으로 어느 정도 문제가 있는 경우가 상당히 많습니다. 그런 현상을 나타내는 결정적인 요인은 바로 외로움입니다. 위와 같이 처신하는데 그 주변에 변변한 친구나 믿고 따르는 후배 직원이 남아 있겠습니까? 그런 사람들은 대개 식사 같이 할 변변한 동료나 후배가 없어 혼자 식당에 가곤 합니다. 아니면 자기의 영향력 아래에 있는 부서원들을 반강제로 끌고 다니기도 합니다. 또, 마치 집안의 가장 큰 어른처럼 군림하려는 의식이 있는 반면, 다른 부서 사원들 특히 직원이나 평사원에게는 한없이 자애로운 모습으로 다가가 좋은 평판을 얻으려는 특징도 있습니다. 참으로 어이가 없는 상황이지요. 그렇다고 조직의 약자인 신입사원이나 아랫사람들은 이런 상사를 멀리할 수도 없으니 진짜로 답답합니다.

그런 상사들은 한마디로 사랑다운 사랑, 관심다운 관심을 제대로 받거나 해 보지 못한 사람들이 하는 전형적인 행동을 보입니다. 겉으로는 아닌 척하지만 대개 자신의 외로움을 부서 내부에서는 위에서 언급한 업무적인 쫀쫀함으로, 타 부서 사람들에 대해서는 자애로움으로 표출한다는 것을 잊어서는 안 됩니다.

그런 상사는 어떻게 대해야 좋을까요? 솔직히 그런 힘든 상사를 원만하게 대하는 방법에는 정답이 없습니다. 아무리 우리를 힘들고 지치게 하더라도 상사는 상사이기 때문입니다. 좀 과장된 표현이기는 하지만, 부모님이 자식을 아무리 지치고 힘들게 한다고 해서 자식이 "죄송하지만, 오늘부터 당신들은 제 부모님이 아닙니다!"라고 말할 수 없는 것과 마찬가지입니다.

어떤 회사에는 이런 경우를 대비하여 특색 있는 인사 시스템을 만들어 놓기도 하지요. 부하직원을 힘들게 하는 상사로부터 아래 직급의 사원들이 벗어날 수 있도록 제도적 장치를 마련해 둔 것입니다. 하지만 대부분의 회사는 아마도 그렇지 못할 것입니다. 더 힘든 것은 상사와 부하 간의 의견 차이로 인한 문제가 발생할 경우 상사의 행위가 객관적으로 너무도 명명백백한 잘못이라고 판단되지 않는 한 절대로 조직은 사원 편에서 문제를 해석하지 않는다는 것입니다.

다시 이야기해서 신입사원이나 아랫사람은 새로 뽑으면 되지만 조직은 경험과 경륜이 있는 간부를 쉽게 내치지 않는다는 것이지요. 따라서 어떤 사람이 부하직원을 힘들게 하는 상사라는 것을 여타의 경로를 통해 확실하게 인사부서가 확인하기 전에는 무조건 사원들보다는 상사의 편에 선다는 것을 절대 잊어서는 안 될 것입니다.

그렇기 때문에 아무리 자신을 힘들게 하는 상사가 있더라도 또한 그런 상사가 여러분을 힘들게 하더라도 일단은 참고 또 참으며 여러분의 의견이 반영될 수 있는 기회를 포착해야 합니다. 아랫사람이 먼저 웃는 모습으로 그들에게 다가서야 합니다. 굳이 인위적으로 그런 분위기를 연출하지는 않더라도 일단은 외면하지 않는 것이 중요합니다. 힘들게 하는 상사와 업무 외적으로 우연히 마주하게 되면 항시 맑은 목소리로 먼저 인사하고 다가설 것을 적극 권합니다. 힘들겠지요. 그래도 그 사람은 여러분의 상사입니다

직장생활 중 퇴직하는 동료나 선배들은 여러 이유를 대며 자신의 퇴직 사유를 설명합니다. 간혹 상사와의 마찰로 정든 직장을 떠나는 사람들도 볼 수 있습니다. 참으로 안타까운 현실이 아닐 수 없습니다. 회사를 떠나면서 자신은 영원히 어느 조직에서든 상사가 안 될 것인 양 상사를 비난하는 사람을 보면 참으로 안타깝습니다. 이런 경우 조직을 떠나는 사람이나 떠나게 한 상사 모두가 같

은 부류의 사람들이라는 것을 명심하기 바랍니다. 즉, 자신은 변하지도, 변할 마음도 없으면서 상대인 상사의 변화만 요구했다는 것이기 때문입니다. 가장 안쓰러운 것은 어렵게 들어온 회사를, 본인 스스로 극복하려는 어떤 노력이나 의지 없이 그냥 포기하려는 모습을 보이는 것입니다.

세상은 신입사원이 어떤 능력을 가지고 있는지 모릅니다. 자신이 지니고 있는 능력을 보여 주지도 않은 채 회사가, 조직이, 상사가 자신의 능력을 알아주지 않는다고, 자신의 능력을 펼칠 기회를 주지 않는다고 자포자기하는 것은 어리석은 일입니다. 더욱이 어렵고 힘들게 들어온 조직을 쉽게 포기하고 다른 길로 나아가는 것은 매우 안타깝습니다.

어느 조직이나 좋은 사람이 있는 반면 그렇지 못한 사람도 있습니다. 태어나 자라 온 환경과 여건이 달라서 그런 현상이 나타나는 것입니다. 고루한 이야기일 수도 있지만 어떤 조직이든 상사는 부하직원들이 생각하는 만큼 그리 쉽게 변하거나 누구의 이야기를 쉽게 받아들이려 하지 않습니다.

그렇다면 정답은 무엇일까요? 바로 여러분이 변하고 다가서야 합니다. 여러분의 어려운 점과 개선 희망 사항을 자연스럽고도 줄기차게 전달하는 게 최선의 방법입니다. 아무리 변화를 거부하고 타인의 충고를 듣지 않는 상사라 할지라도 여러분의 건의 사항에 진실성이 담겨 있다면 변하지 않을 수 없을 것입니다.

'승거목단수적석천繩鋸木斷水滴石穿'이라는 고사성어가 있습니다. 이는 '노끈으로 톱질하여도 나무를 자를 수 있고, 물방울이 떨어져 돌에 구멍을 낸다'라는 뜻으로, 꾸준히 노력하면 아무리 어려운 일이라도 결국 성공할 수 있음을 비유한 말입니다. 우리의 직장생활이 1박 2일로 끝나는 것이 아니니 끈기를 갖고 도전해 보기 바랍니다. 그러면 여러분을 힘들게 했던 상사도 반드시 여러분의 편이 될 것이며 여러분도 그 상사의 위치까지 쉽게 승진할 수 있을 것입니다.

1. 업무적이든 아니든 여러분을 힘들게 하는 상사는 외롭기 때문이다. 힘든 상사일수록 더욱 가까이 다가가라.
2. 여러분을 힘들게 하는 상사가 있다면 더욱 밝고 명랑한 모습으로 다가서라.
3. '승거목단수적석천'의 의미를 늘 가슴에 품고 꾸준히 도전하라.

선배나 상사를 존경하되,
무한 신뢰하지 말라

한때 유행했던 우스갯소리 한 토막을 소개합니다.

아들과 아버지가 목욕탕에 갔습니다. 아버지는 열탕에 들어가면서 "시원하다"라고 말했고 열탕에 앉아 노래까지 불렀습니다. 아들은 뜨거운 것을 아주 싫어했지만 아버지의 "시원하다"라는 말에 열탕으로 뛰어 들어갔습니다. 아들은 "앗 뜨거" 하며 열탕에서 뛰쳐나왔습니다. 그리고 아버지를 향해 속으로 한마디 했습니다.

'세상에 믿을 사람 한 사람도 없네.'

여기까지는 다 아는 이야기이고 뒷이야기가 있습니다.

아버지와 아들이 목욕탕에 가는 날, 아들은 심심하니 친구를 한명 데려가게 해 달라고 졸랐습니다. 아버지는 친구 데려가는 것을 허락했습니다. 아버지가 지난번과 마찬가지로 뜨거운 열탕에 들어가면서 "시원하다"를 연발하며 행복한 표정을 지어 보이자, 이를 본 아들 친구 녀석이 아버지를 따라 열탕으로 냉큼 뛰어 들어갔습니다. 아무런 마음의 준비도 없이 뜨거운 열탕으로 뛰어든 친구 녀석은 비명과 함께 밖으로 뛰쳐나왔습니다. 열을 식히려 냉탕으로 들어가며 아들에게 이렇게 말했습니다.

"네가 얼마 전에 내게 이야기한 세상에 믿을 사람 하나 없다는 게 네 아버지였냐?"

직장에 다니다 보면 상사나 선배로부터 뜬금없이 "자네를 눈여겨 보고 있었다", "나는 너와 함께 간다", "역시 너뿐이다" 등 입에 발린 말을 듣는 경우가 가끔 있습니다. 그런데 상당 기간 직장생활을 해 본 저의 경험으로 이야기를 하자면, 이런 말은 믿어서는 안 됩니다.

그렇게 이야기하는 사람을 오히려 더 경계해야 합니다. 다시 말해 회사나 조직 속에서 믿을 사람은 자기 자신과 자신의 실력밖에는 없다는 사실을 잊지 말기 바랍니다. 누가 '확실한 동아줄'이고 누가 '썩은 새끼줄'인지는 위기의 순간이 다가오지 않는 한 절대 알 수 없습니다. 물론 평소에 모든 사람을 경쟁자 관계로만 볼 수는 없겠지만 분명한 것은 '불가원불가근不可遠不可近'의 관계, 즉 너무 가깝지도 않고 너무 멀지도 않은 관계를 유지하는 게 정말 중요하다는 것입니다.

지금은 자신의 처지를 잘 이해해 주는 상사나 직장 선배라 할지라도 어느 순간, 즉 '위기의 순간' 혹은 '결단의 순간'이 되면 태도가 변할 수 있습니다. 오히려 평소에 자신을 가장 확실히 챙겨 주던 사람이 먼저 손을 떼는 경우가 많습니다. 이유는 간단합니다. 평소에 가깝게 지냈기 때문에 어렵거나 곤란한 일이 벌어지면 자신이 덜 곤란해지기 위해, 또 실적을 올리기 위해 자신의 처지를 가장 잘 아는 후배에게 손을 뗀다는 이야기입니다.

같은 학교 선배니, 동문이니, 동창이니 하는 이유로 선배가 자신을 돌봐 주거나 편의를 제공해 줄 것이라는 순진한 생각은 꿈이니 아예 깨는 게 좋습니다. 어떤 조직에서든 본인이 있고, 그다음 선배나 후배가 있는 것입니다. 후배를 위해 자신의 기득권을 기꺼이 포기하는 조직원은 이제까지 본 적이 없습니다.

간혹 살신성인의 자세로 후배의 위험을 방어해 주는 사람들이 언론에 나타나고는 하는데 그것은 극히 일부에 지나지 않습니다. 대다수의 조직원들은 후배가 아닌 자신을 먼저 챙긴다는 사실을 절대 잊지 마십시오. 그렇다고 상사나 선배에게 대놓고 반발이나 반항을 하라는 이야기는 절대 아닙니다.

그렇다면 어떤 방식으로 상사나 선배와의 관계를 유지하는 게 가장 좋을까요? 기본은 '지금 내가 선배와 하고 있는 행동이 회사 및 사회 규범에 부합되는 적법한 행동인가?'를 먼저 생각하는 것입니다. 이 기준에 맞지 않는다면 절대 부응해서는 안 됩니다. 선배, 동료, 상사가 그 어떤 이야기를 해도 추구하는 목적이 회사의 이익과 사회 윤리 규범에 부합되지 않는다면 그 행동에 의해 본인이 먼저 단죄 받을 수 있음을 명심하십시오.

옛 고사에도 '고난은 함께할 수 있으나 영광은 함께할 수 없다'라는 말이 있습니다. 또 '토사구팽兎死狗烹'이라는 고사성어도 괜히 나온 말이 아니라는 것을 절대 잊어서는 안 됩니다.

군 복무 시절 제가 경험한 이야기입니다. 우리 대대의 보급 장교는 사병으로부터 출발하여 중위까지 올라간 사람이었는데 개인적 비리가 적발되어 강제 예편을 당하게 되었습니다. 그 후임자로 보병 소대장이었던 제 동기가 가게 되었습니다. 동기는 전임 보급관의 행태를 잘 알고 있었기에 각종 보급품이 태부족일 것이라고 생각하고 보급관 인수를 하지 않으려고 애썼지만 모든 것이 명령에 의해 움직이는 군대에서 그게 통할 리가 없었죠. 끝까지 버티다가 연대 군수 참모는 물론 대대장까지 나서서 제 동기에게 보급관을 맡을 것을 강권했습니다. 제 동기는 보급관을 맡는 조건으로, 인수인계 기간이 짧으니 지금 당장 발견되지 않았던 예기치 못한 특정 문제가 일정 기간 안에 발견되면 문제 해결에 적극 협조한다는 상관들의 언질을 받고 어쩔 수 없이 보급관을 맡았습니다.

며칠 후 꼼꼼히 인수인계 내역을 확인하던 제 동기는 상당량의 보급품에 문제가 있는 것을 확인했습니다. 그래서 대대장과 군수 참모에게 그 문제를 해결해 줄 것을 요구하였는데 상관들은 당초의 약속과는 다른 말을 했답니다.

"장교가 그런 문제 하나 해결 못 하나?"

"보급관 맡은 지 얼마나 지났는데 그때 몰랐다면 직무 유기 아니냐?"

"왜 이제 와서 그런 소리를 하느냐?"

"장교의 자질에 문제가 있다."

상관들은 이런 이유들을 대면서 동기 소대장에게 돌아가며 윽박질렀습니다. 제대 후 사회생활을 하다 보니 세상의 야박함이, 군 복무 시절 동기 소대장이 당했던 것보다 더했으면 더했지 사회라고 절대 덜하지 않음을 절실히 느꼈습니다.

다른 일화를 소개하겠습니다. 대기업에 다녔던 절친한 친구가 겪은 이야기입니다. 친구는 여러 업무를 하는 과정에서 회사의 이득이 되는 업무는 수단과 방법을 가리지 않고 멋지게 수행했다고 합니다. 그렇게 하는 것이 직장인의 기본이며 그 안에서 남자의 성취감을 얻는다는 생각 속에 행동했었다고 합니다. 그는 그런 활약으로 직급이 높은 임원들로부터 많은 격려와 부상을 받았음은 물론, 그 임원들과 독대도 할 수 있게 되었습니다. 그러자 사기가 날로 치솟았고 그는 한때 인간에게 왜 발이 왜 필요한지 이유를 몰랐을 정도였다고 합니다. 그만큼 그는 회사에서 방방 날아다녔습니다.

좋은 날이 있으면 그렇지 않은 날도 있듯이, 어느 날 거래처와의 사소한 문제로 인해 주요 거래선을 경쟁사에 빼앗기는 불행한 사태가 일어났다고 합니다. 그동안 친구를 살뜰히 챙기던 직속 임원들은 문제가 커지자 그 문제의 불똥이 자신들에게 튈까 봐 전부 자신들의 몸 사리기에만 급급했답니다. 친구의 생살여탈권을 지니고 있는 친구의 본부장 앞에서 친구를 변호해 주거나 그런 상황이 왜 벌어졌는지, 또 대책은 무엇인지에 대해 설명하는 사람은 아무도 없었습니다. 오히려 그 친구에게 모든 문제에 대해 책임질 것만을 요구했답니다.

그러던 어느 날, 친구의 본부장이라는 사람이 조용히 친구를 불러서 다른 부서로 전배 갈 것을 종용했습니다. 그런데 전배 대상 부서는 그 회사의 한직이나 마찬가지인 부서였다고 합니다. 친구는 전배 명령을 거부하고 뒤도 안 돌아보고 그 자리를 박차고 나왔다고 합니다.

사람은 한 번 변하면 두 번 변하고, 두 번 변한 사람은 세 번 변할 수 있음을 직장생활을 통해 많이 목격했기 때문에 그런 임원 밑에서 회사 근무 연수만 연장할 이유가 없다고 판단했답니다. 그렇게 친구는 미련 없이 회사를 나왔습니다.

회사를 그만둔 친구는 현재 조그만 음식점을 운영하고 있습니다. 친구는 자기를 다른 부서로 전배 보냈던 본부장과 그 밑에 있던 다른 임원들이 승승장구하여 자애롭고 능력 있는 사람으로 언론에 소개되는 것을 보면 속으로 비웃곤 합니다.

회사에 입사하거나 입사를 희망하는 사람들이 반드시 알고 있어야 할 사항이 있습니다. 그것은 업무 외적으로 상사와 나눈 이야기는 기본적인 사항을 제외하고는 모두 여러분을 순간적인 착각 속에 빠트릴 수 있다는 점입니다.

회사에서 부장까지 올라가고자 하는 사람이라면 절대 상사나 선배들이 자신을 끝까지 책임져 주거나 어려운 일이 생기면 발 벗고 나서서 챙겨 줄 것이라는 착각은 하지 말기 바랍니다. 아니, 그런 환상을 버리기 바랍니다. 자기 사업이 아닌 이상, 회사원이며 조직원으로 존재하는 이상, 언제 어느 순간 여러분도 일회용 불쏘시개처럼 이용되고 만다는 것을 절대 잊어서는 안 됩니다.

1. 누구도 믿지 말라. 자신을 지켜 주는 것은 자신의 실력뿐이다.

2. 학연, 지연, 혈연으로 얽혀 있으니 괜찮을 것이라는 생각을 뒤집어서 그렇기 때문에 더 불이익을 당할 수도 있다는 생각을 가져라.

3. 당신도 언제든지 토사구팽의 대상이 될 수 있음을 항상 명심하라.

언론 보도에
대응하는 자세

언론 보도에 대응하는 방법에 정답은 없습니다. 다만 제가 여기서 소개하는 내용은 현장 실무에서 직접 부딪히며 체득한 경험을 바탕으로 쓴 것이니 이 점을 감안해 활용하기 바랍니다.

본격적인 이야기를 하기에 앞서 우선 언론 보도에 일희일비하지 말라고 우선 강조하고 싶습니다. 업무를 하다 보면 예기치 않은 순간에 회사와 관련된 일이 언론에 보도되는 경우가 있는데, 언론에 보도된다는 것은 좋은 일이든 나쁜 일이든 보도 순간부터 민감해질 수밖에 없습니다. CEO가 관련된 사항이면 해당 업무 담당자가 더욱 긴장하게 되지요.

언론을 담당하는 부서나 담당자가 따로 있는 큰 회사의 경우는 해당 부서나 업무 담당자가 전문적으로 보도 내용에 대해 대처하기 때문에 큰 문제가 없습니다. 하지만 대개의 기업들은 언론 보도와 관련된 실무 부서의 담당자가 언론 보도에 대응하게 됩니다. 따라서 언론과 관련 없는 업무를 하더라도 기본적인 언론 대응 방법은 미리 숙지해 놓는 것이 회사원의 기본 자세입니다.

회사에 유리한 기사든 불리한 기사든 간에 그 기사의 신뢰도나 정확성의 유무는 기사를 접하는 대중이 판단하게 됩니다. 안타깝게도 해당 기업체나 그 소속원이 판단할 사항이 아니라는 것이죠. 그리고 먼저 기사가 사실인지 아닌지 그 여부를 논하기 이전에 언론에 발표된 기사는 어느 정도 사실에 근거하고 있다는 점을 알아야 합니다.

기사가 배포되어 소비자의 손에 들어가는 순간, 일단 그 보도에 대한 책임은 기사 내용 속 주체자가 져야 하는 것이 일반적인 원칙입니다. 언론 특히 신문에 부정적인 기사가 보도될 경우 회사원이라면 잊지 말아야 할 태도가 있습니다. 그것은 '세상에서 제일 바보는 언론과 싸우는 사람과 회사'라는 것입니다.

그렇다면 어떤 방식으로 대응하는 게 좋은지에 대한 몇 가지 원칙을 제시하겠습니다. 물론 여기 소개된 대응 방식은 회사 사정과 보도 내용에 따라 달리 적용될 수 있습니다.

첫 번째 원칙은 어떤 보도를 접하더라도 냉철하게 기사를 바라봐야 한다는 것입니다. 대다수의 매체는 논쟁거리가 될 만한 내용의 기사는 보도되기 전에 관련 회사에 진위 여부를 문의합니다. 공신력을 생명으로 하기 때문입니다. 또 해당 회사에 기사화될 내용에 대한 소명 기회를 준다는 의미도 있습니다. 하지만 모든 매체가 이런 과정을 거치진 않습니다.

많은 매체가 기사 내용에 확신이 있을 경우 확인 과정을 거치지 않고 거의 일방적으로 기사화합니다. 즉, 보도 전 관련 기사에 대해 문의하지 않는 매체가 더 많습니다. 일부 황색 계열의 매체들은 자신들의 입지 내지는 지명도를 높이기 위해 말도 안 되는 논리나 업계의 현실을 무시한 특정 계층의 목소리만 담아내고는 소비자 대다수의 의견이며, 자신들의 분석 내용이 정답인 양 포장하기도 합니다.

여기서 절대적으로 주의해야 할 점은 그런 매체의 황당무계한 보도라도 언론 보도는 언론 보도라는 점입니다. 따라서 섣불리 흥분해선 안 됩니다. 말의 앞뒤가 맞지 않고 과대 포장된 논리 등 매체가 보도한 괴이한 관점도 세상 사람들이 한 번쯤 그렇게 생각할 수 있다는 자세로 보는 것이 중요합니다. 그렇지 않고 언론과 마찰을 불러일으킬 정도의 주장을 펴거나 언론과 진위 여부를 가리겠다는 사생결단의 자세로 논쟁을 펼 경우 전혀 예상치 못한 곳에서 반드시 뒤통수를 맞을 수 있습니다.

회사와 관련된 좋은 기사든 나쁜 기사든 보도된 순간 여러분이 대응해야 하는 최종 목표는 언론이 아니라 기사를 본 소비자가 된다는 것을 인식해야 합니다. 그러니 매체를 상대로 관련 기사가 맞네, 틀리네를 아무리 외쳐 봐야 소용없습니다. 언론에 보도된 기사 내용이 잘못되어 매체로부터 백 번 천 번 사과를 받는다고 해도 여러분의 회사가 매체에 요청할 수 있는 것은 관련 기사에 대한 반박 기사나 정정 보도가 고작입니다. 그런데 그 효과는 지극히 미약합니다. 소비자들은 기사 내용이 틀렸건 맞았건 제일 먼저 활자화된 사실에만 주목하지 그 이후에 실린 해명이나 정정 보도는 안중에도 없습니다.

따라서 제일 중요한 것은 회사와 관련된 부정적 기사가 나가지 않게 하는 것입니다. 그런데 언론의 자유가 있는 이 나라에서는 이를 원천적으로 막을 방법이 없습니다. 결국 법과 원칙을 지키는 것이 가장 중요합니다. 물론 그게 그렇게 말처럼 쉽지 않기 때문에 기업은 항상 고민하는 것입니다.

제가 다니던 모그룹의 계열 자회사가 하도급 대금을 늦게 주고 그에 따른 이자 수십만 원을 늦게 지급하여 공정위로부터 시정 명령을 받은 적이 있습니다. 이는 그룹 계열사 자회사의 문제로 모그룹과는 직접적인 관련이 없는 일이었습니다. 그럼에도 불구하고 당시 '모그룹이 하도급 대금을 안 줬다'라는 제목으로 신문 경제면 탑을 장식했습니다. 당연히 회사와 그룹에서는 난리가 났지만 그 언론에 대해 항의 한 번 못하고 넘어갔습니다. 자회사도 모그룹의 일원이었기 때문입니다.

웃긴 점은, 당시 위반을 저질러 저희 계열사 자회사보다 수십 배의 과징금을 부여받은 업체는 메인 기사의 하단에 달랑 업체 이름만 간략히 올라가 있었다는 점입니다. 신문에서는 소비자의 이목을 끄는 제목이 필요하기 때문에 과징금을 많이 내야 하는 작은 회사보다는 별 관련성 없더라도 대기업을 정면에 내세우려고 합니다. 어쨌든 자회사는 법을 위반했고, 자회사의 계열사도 모그룹의 구성원으로 보고 그렇게 보도가 된 것이기 때문에 당시 저의 그룹과 해당 회사는 항의조차 할 수 없었습니다. 보도는 맞는 것이었고, 우리 그룹은 법을 위반한 것이었기 때문입니다.

이렇듯 언론에 부정적인 보도가 실린 상황에서는 어떤 행동도 '사후약방문死後藥方文'이 될 가능성이 크기 때문에 흠잡히지 않도록 더욱 조심해야 합니다.

두 번째 원칙은 보도와 관련된 회사의 주장을 들어준다고 매체 인터뷰에 함부로 응해서는 안 된다는 점입니다. 회사 업무를 하다 보면 가끔 기자들이 어떻게 알았는지 해당 부서의 실무자에게 직접 전화를 걸어와 앞뒤 재지 않고 '무작정 질의'를 하는 경우가 있습니다. 또, 생뚱맞은 이야기로 유도 질문을 하는 경우도 있습니다. 물론 이름이 있고 공신력이 뒷받침되는 매체의 경우는 정중하게 자신의 신분을 밝히고 예의를 갖춰서 보도 기사와 관련된 질문을 합니다.

예를 들어 소비자들에게 인기가 높은 A사의 신제품과 관련된 기사를 취재 중인 기자가 해당 회사의 구매팀에 전화해 "신제품 자재 수급이 원활하지요?"라고 물을 수도 있습니다. 구매팀 직원은 순수한 마음에 "물량은 자꾸 느는데 일부 자재의 수급이 원활하지 않아 힘듭니다. 특히 사출이 그렇습니다"라는 식의 답변을 할 수도 있습니다. 그러면 그 다음날 신문기사에는 'A사의 인기 신제품 사출 조달 문제로 조만간 품귀 현상 일어날 듯'이라는 제목의 기사가 보도될 수 있다는 것입니다.

여기서 주목해야 할 것이 또 있습니다. 첫째, 매체에서는 협력회사에 대해서도 취재를 할 수 있으니 주요 부품을 생산하는 협력회사에 대해서도 동일한 수준의 보안을 요구해야 한다는 것입니다. 언론을 직접 상대하는 조직 구성원이 아니라면 어떠한 경우라도, 어떠한 매체라도 회사와 관련된 사항으로 인터뷰에 응하지 마십시오. 만나는 것은 물론 통화도 해서는 안 됩니다.

둘째, 여러분이 성심성의껏 인터뷰한 내용이라도 언론 매체의 편집 방향에 맞게 재편집될 수도 있습니다. 이 점을 명심해야 합니다. 만일 언론 매체가 인터뷰를 요청해 오면 회사에서 언론을 상대하는 홍보부서 혹은 관련 부서의 지정된 책임자가 일관된 발언을 하도록 넘겨줘야 합니다. 꼭 답변을 해야 한다면 원론적 수준에서 답을 하는 것도 하나의 방법입니다. '동문서답東問西答'을 해야 하는 경우도 있을 수 있습니다. 아무튼 언론을 얕보고 자신의 얕은 지식과 섣부른 응대로 회사에 돌이킬 수 없는 불이익을 초래할 수도 있으니 조심 또 조심해야 합니다.

셋째, 블로그나 커뮤니티 및 카페 등과 같은 SNS에 관심을 갖고 지켜봐야 합니다. 이곳은 제품과 회사 소식에 대한 정확한 소식이 빠른 시간에 확산되는 곳이기도 하지만 소위 말하는 '카더라 통신'이 난무하는 곳이기도 합니다. 알찬 정보와 허무맹랑한 정보가 혼재되어 있는 곳이라고 보면 정확할 것입니다.

소비자의 권리가 강화되면서 소비자 개개인의 목소리가 높아지고 있는 현실을 감안해 볼 때 이런 곳에서 제기되는 문제나 의혹 등을 간과해서는 안 됩니다. 익명성을 이용해 특정인이나 집단이 부정적인 의견을 마구 양산해 소비자들을 선동할 수도 있습니다. 그런 경우 대책이 없기 때문에 절대 소홀히 해서는 안 되며 어린아이 다루듯 항시 예의 주시할 필요가 있습니다.

SNS를 왜 중요시해야 하는가는 어느 통계를 보면 잘 알 수 있습니다. '특정 사안 한 개가 블로그나 커뮤니티에 올라오면 아홉 명의 핵심 인력이 이를 실시간으로 유사 사이트로 퍼 나르고 이를 90명 이상이 본다'라는 통계입니다. 따라서 일반적인 매체도 중요하지만 SNS를 활용한 여론 조성도 관심을 갖고 관찰하는 것이 좋습니다.

그렇다고 너무 이들 집단에 끌려다녀서도 안 됩니다. 이들은 자신들이 관심을 갖고 있는 제품에 대해 해당 회사와 자신이 소속한 집단과의 소통을 통한 의견 반영을 원하는 것이지 다른 의도는 없는 경우가 많습니다. SNS에 회사와 제품에 대한 부정적인 의견이 올라왔다고 바로 대응해서는 안 되며, 더구나 소비자나 커뮤니티 회원을 가장하고 회사 직원들이 회사를 위한 댓글을 올리는 행위 등을 해서는 안 됩니다. 커뮤니티 회원들은 그 방면에 거의 도사 수준이기 때문에 진정한 회원인지 아니면 회사 직원인지를 귀신같이 알아내 확인할 수 있습니다. 그러니 섣부르게 덤벼들거나 잘못된 애사심으로 함부로 행동하게 되면 오히려 돌이킬 수 없는 결과를 초래할 수도 있습니다.

이럴 경우 블로그나 커뮤니티, 카페 등에서 그들이 요구하는 사항, 관점, 대책 등에 대한 면밀한 조사를 한 다음, 해당 사이트의 운영자와 면담을 통해 회사의 입장을 공식적으로 전달하는 방식을 취하는 게 가장 좋습니다. 따라서 평소에 이들에 대한 정보를 파악해 놓는 게 상당히 중요합니다.

이들을 접촉할 때 가장 주의해야 할 점은 어떤 사안이 발생했을 때 금전적인 보상으로 문제나 잡음을 해결하려고 하다가는 더욱 일을 그르칠 수 있다는 것입니다. 블로거나 커뮤니티 회원들은 나름 해당 분야의 권위자들이라는 프라이드를 갖고 있는 사람들입니다. 그런데 그런 사람들을 금전이나 물질적인 수단으로 유혹한다는 것은 불난 집에 기름을 끼얹는 행동이라는 것을 결코 잊지 마십시오.

마지막 원칙은 중요한 사안일 경우 한두 매체만 섭렵해 종합적인 판단을 내리지 말고 되도록 다양한 매체를 활용해 기사의 행간에 숨은 진실과 소비자의 다양한 의견을 찾는 데 노력을 기울여야 한다는 것입니다.

위에 언급된 몇 가지 사항에 앞서 회사에 대한 비판적인 기사가 나올 경우 업무 담당자가 가장 먼저 취할 행동은 바로 '상사에게 즉시 보고'하는 것입니다. 그런 연후에 다른 매체로의 확산 여부와 소비자들의 반응을 살피며 문제점 관련 대책을 상사와 함께 마련하는 것이 중요합니다.

최근에 '골든타임golden time'이라는 단어가 사람들 입에 많이 오르내리고 있습니다. 만약 회사에 대한 부정적 기사가 나왔을 경우 골든타임은 어느 정도로 보는 게 좋을까요? 몇 시간, 며칠이 아닙니다. 사안에 따라 다르겠지만 '발생 시 즉각 대응'이 가장 좋고 그 시간을 놓쳤다면 언론과 소비자의 동향을 파악해 가면서 대응 수위를 조절해야 합니다.

언론 보도에 섣불리 덤벼들었다가는 회사에 돌이킬 수 없는 치명상을 안길 수 있다는 점을 다시 한번 강조합니다. 참고로 최선을 다했음에도 불구하고 사건이 표면화되어 확산될 가능성이 높을 경우 회사가 취해야 할 '사과의 법칙'을 소개하겠습니다. ① 빠르게 인정하고, ② '하지만' 혹은 '그러나'가 들어가는 문장은 되도록 피하며, ③ 명확한 대책을 밝히고, ④ 진심을 담아 용서를 구하고, ⑤ 개선을 즉각 행동에 옮기고, ⑥ 사과 후에도 진행 상황을 명확히 널리 알린다.

이와 더불어 사과문의 필수 요소는 ① 정확한 상황 기술, ② 책임 표명, ③ 사과 주체와 역할 명시, ④ 후회 표명, ⑤ 용서 구하기, ⑥ 재발 방지 약속, ⑦ 상황에 따른 보상 계획 발표 등입니다.

하지만 사과 전에 반드시 스스로 파악해야 할 포인트가 있습니다. 그것은 ① 사과의 대상이 누구인지를 명확히 하고, ② 사과 대상과 관계는 어떻게 되는지, ③ 내 잘못으로 무엇이 손상되었는가 등을 확실하게 알아야 합니다.

1. 언론 매체와의 싸움은 미친 짓이다. 보도에 절대 일희일비하지 말라.

2. 회사와 관련된 부정적인 내용을 물타기 한다고 섣불리 커뮤니티나 카페에 가입하여 함부로 행동하지 말라. 그들은 당신이 누구인지, 왜 가입했는지 손금 보듯 훤히 꿰뚫고 있음을 잊지 말라.

3. 회사와 관련된 부정적인 기사 보도에 대응하는 골든타임은 '즉시'이다.

가장 중요한 한 가지

자녀와 추억을 공유하는 데 시간을 할애하라

직장생활을 하다 보면 업무나 대인 관계 등 직장생활에 필요한 조언을 해 주는 상사나 선배, 동료 등은 무척 많습니다. 하지만 가정생활에 대해 실질적인 상담과 조언을 해 주는 사람은 그리 많지 않습니다. 지금부터 제가 이 장에서 말하고자 하는 것은 여러분의 가정생활에 대한 절대적인 지침서 역할은 할 수 없겠지만 제가 직장생활을 하면서, 주변에서 봐 왔던 사실을 근거로 직장인의 올바른 가정생활에 대해 써 놓은 것으로 작은 도움이 되길 기대합니다.

요즘 '부모 학교', '아버지 학교', '어머니 학교' 등 올바른 가정을 꾸리는 데 도움을 주는 학습 과정이 많이 생겨났습니다. 하지만 대부분의 사람은 가정에 대한 교육을 못 받고 어느 날 갑자기 남녀가 만나 사랑하고 가정을 꾸리며 부모가 됩니다. 그렇게 부모가 체계적인 준비를 못 갖춘 아마추어이다 보니 허둥지둥 아이를 키우면서 아내는 아내대로, 남편은 남편대로 어려움을 겪게 됩니다. 문제는 여기서부터 시작됩니다.

가정은 사회의 초석으로 혹자는 이 세상의 마지막 낙원이라고도 합니다. 건강한 가정이 있어야 직장에 나가서 일하는 가족 구성원이 마음 편히 직장생활을 할 수 있음은 당연한 일입니다. 가정이 흔들리면 사회와 국가에 문제가 될 수 있겠지만 더욱 큰 문제가 되는 것은 여러분의 사랑의 결실인 자녀들이 큰 영향을 받는다는 것입니다.

회사에 입사하면 수년 안에 가정을 꾸리는 게 한국인들의 일반적인 모습입니다. 이들은 체계적인 부모 교육 없이 부모의 어깨 너머로 배운 남편과 아내의 역할을 자신들의 가정생활에 적용합니다. 그러다 보니 남자는 경제적 문제만 해결하면 남편으로서, 가장으로서 자신에게 부여된 모든 책무를 완수한 것으로 생각하기 쉽습니다. 또, 여자 역시 남편이 경제 활동을 원만하게 할 수 있도록 내조하거나 스스로 경제 활동을 원만하게 하는 것으로 아내 역할을 다했다고 생각하며 살아갑니다.

그런데 직장인의 문제점은 여기에 있습니다. 다시 말해 각자의 임무는 완수하는데 자녀를 비롯한 가족 구성원 서로에게는 눈길을 돌리지 못한다는 것입니다. 결혼 초기의 회사원들은 주중에는 일에 치이고, 대인 관계에 치이다 보니 휴일만 되면 아무 생각 없이 집에서 쉬기를 희망합니다. 그때는 아무것도 전혀 눈에 들어오지를 않습니다.

아이들이 품 안에 있을 때는 그래도 아이 커 가는 재미에 산이나 들로 아이와 놀러 가지만 어느 순간이 되면 회사나 대인 관계를 핑계로 자녀들과 멀어집니다. 그때는 자녀들도 훌쩍 커서 자기만의 시간을 가지려 합니다. 그러다 보면 어느 날 퇴근해 집에 들어갔을 때 하숙생 아닌 하숙생이 되어 버린 자신을 발견하게 됩니다. 왠지 말 꺼내기가 서먹서먹한 수준에까지 이르는데, 그런 가정은 당장은 아닐지라도 언젠가는 반드시 위기의 순간이 닥칩니다. 제가 직장생활을 하면서 주변에서 보았던 가정 문제의 대다수가 바로 그런 패턴을 거쳐서 아주 곤란한 상황에 이르는 경우였습니다.

여러분은 그런 일을 겪지 않기 위해 지금 당장부터 조그만 일이라도 반드시 시작해야 합니다. 요즘 어떤 회사에서는 '가정의 날'이라는 것을 만들어 회사원들에게 일찍 귀가해 가정에 봉사할 것을 권유하고 있습니다. 경우에 따라서는 일찍 퇴근하지 않는 직원에게 상당한 불이익을 주는 회사도 있다고 합니다. 이는 아주 바람직한 일이라고 생각합니다. 여러분이 입사한 회사에 그런 제도가 있다면 그날만이라도 반드시 일찍 귀가해 자녀들과 추억을 만들기 바랍니다.

재직 당시 저는 '가정의 날=일찍 퇴근하는 날=팀원 단합 회식의 날'이라는 등식을 만들곤 했는데, 지금 생각해 보면 그렇게 보낸 시간이 정말 후회스럽습니다. 경우에 따라서는 일이 바빠서 야근을 하거나 철야 근무를 할 수도 있습니다. 회사에 중요한 일이라면 꼭 해야 되겠지요. 하지만 명심해야 할 것은 부모님이 우리가 효도할 때까지 기다리지 않고 돌아가시듯, 자식들 역시 부모와 함께 추억을 만들 시간을 기다려 주지 않는다는 것입니다.

어떤 가정이든 가장이 경제 활동으로 벌어 오는 수입이 중요한 것은 사실입니다. 그러나 그에 못지않게 중요한 것은 구성원 서로에 대한 관심과 배려, 특히 자녀에 대한 배려라는 것을 잊어서는 안 됩니다.

제게는 아들만 셋이 있는데, 큰아들은 올해 사회생활을 갓 시작한 사회 초년생입니다. 큰아들은 저희 부부 사이의 첫아이라 나름 사랑과 관심을 많이 받고 자랐습니다. 하지만 그 밑의 아들 둘은 쌍둥이여서 사랑은커녕 늘 육아에 치여 힘들어했던 기억밖에 떠오르지 않습니다. 체구가 왜소한 제 아내는 세 아들을 감당하기에 너무나 벅차 했습니다. 그래서 퇴근 시간이 되면 전화로 들려오는 아내의 하소연 때문에 저는 만사를 제쳐 놓고 집으로 달려가곤 했죠.

하지만 좀 시간이 흐른 후에는 저도 꾀를 내서 이런저런 핑계를 둘러대며 늦게 들어가는 날이 많아졌습니다. 휴일에도 꼼짝달싹할 수 없을 정도로 피곤할 때는 큰아들에게 어린이용 비디오를 틀어 주고, 쌍둥이에게는 젖병을 하나씩 물려 놓고 늘어지게 잠만 잤습니다. 또, 제가 피곤할 때 쌍둥이가 제 앞에서 노래를 부르며 춤

을 추면 피곤하다고, 귀찮다고, 조용히 하라고 눈을 부라리고 야단
을 쳤습니다.

세월이 흐른 후 생각해 보니 제가 품 안에서 젖병을 물리며 키
운 큰아이와는 달리 쌍둥이는 제대로 품에 안고 분유를 먹여 본 적
도 없다는 것을 알게 되었습니다. 그러다 보니 큰아이는 지금도 제
가 포옹하는 것을 그리 싫어하지 않지만 쌍둥이는 누가 안는 것을
굉장히 싫어하고 갑갑해합니다. 그들이 어릴 때 제가 힘들다고 외
면하고 멀리했더니 그들도 제가 했던 만큼 저의 품에서 멀어져 간
것입니다.

어느새 청년이 된 쌍둥이를 보면서 제가 깨달은 것은 금전적인
안정도 중요하지만 아이들에게 필요한 것은 멋진 옷도, 맛있는 음
식도, 훌륭한 과외도 아니었다는 것입니다. 바로 아버지인 나 자신
이었고, 나의 품이었고, 나의 관심이 가장 중요했던 것입니다. 저
는 회사원으로서는 모르겠으나 아버지로서는 낙제 수준이었던 것
이지요.

저는 몰랐습니다. 우리 아이들은 아버지나 어머니의 관심이 오
직 자신에게만 집중되면 자신을 특별하고 중요한 존재로 여긴다는
사실을 말입니다. 아마추어 부모였던 것입니다. 아버지로서 저의
올바르지 못한 행동으로 인해 아이들의 사춘기 때 저희 부부는 또
다시 힘든 시간을 보내야 했습니다. 초보 가장일 때 조금이라도 가
정에 대해, 자녀에 대해 공부를 했더라면 하는 아쉬움이 들기도 했
습니다.

어느 책에선가 '아이들은 부모를 통해 다른 사람들을 사랑하는 법을 배우며 부모는 꼭 완벽해야 할 필요는 없지만 반드시 정직하고 겸손해야 한다'라는 구절을 본 적이 있습니다. 저는 이 이야기를 항시 가슴에 새기며 살고 있습니다. 부모가 잘못을 인정하고 개선하면 바로 효과는 나타나지 않아도 자식은 부모의 진정을 가슴으로 느낀다는 것을 알게 되었습니다.

요즘 저는 아들들이 외출했다 집에 오면 꼭 "와츠업맨what's up, man" 하며 깊은 포옹을 합니다. 아들들은 처음에는 진저리를 치며 밀어내다가 지금은 그리 싫어하지 않게 되었습니다. 저는 아들들뿐만 아니라 오랜만에 만나는 사람일 경우 반드시 포옹을 합니다. 신체 접촉을 통해 친근감을 키워 가는 것이지요.

직장생활을 하며 곧 가정을 꾸릴 초보 직장인들에게 다시 한번 강조합니다. 당신의 부모님이 당신의 효도를 기다려 주지 않았듯이 아이들도 당신과의 추억을 나눌 시간을 기다리지 않습니다. 회사에서 지정해 준 '가정의 날'이 있으면(없는 회사라면 만들어 달라고 조르십시오) 총알처럼 퇴근해서 여러분의 자녀들과 추억과 사랑을 듬뿍 나누기 바랍니다.

초보 아버지들이 놓치기 쉬운 원포인트 레슨 One Point Lesson
① 아이들을 칭찬할 때는 노력과 성취만 이야기하고 자녀의 특성과 성격은 언급하지 말라.
② '그래'라는 부모의 한마디는 아이에게 큰 힘이 된다.

③ 일이 생겼을 때 아이들에게 이유를 따지거나 설명하거나
위협하거나 설교하며 분노의 감정으로 대응하는 것은 아주
쓸데없는 짓이다.

④ 아이들이 잘못하였을 때 '지금 벌어진 사건'에 대해서만 이
야기하라.

⑤ 아이들을 공격으로는 이길 수가 없다. 이길 수 있는 길은 오
직 하나밖에 없는데 바로 아이들을 내 편으로 끌어들이는
것이다.

TIP

1. 가정의 날에는 반드시 자녀와 배우자를 위한 시간을 만들어라.

2. 자녀와 추억을 공유하는 데 많은 시간을 할애하라.

3. 자녀와 배우자가 당신에게 기대하는 것은 멋진 옷, 맛있는 음식도 아닌 관
심과 배려 그리고 사랑이라는 사실을 잊지 말라.

퇴직하며
후배들에게 남기는 편지

한 해가 지나가고 있습니다. 이 글을 읽고 계신 당신께 한 가지 묻겠습니다. 당신은 1년 전, 10년 전 아니 30년 전 이즈음에 무엇을 하고 계셨는지 정확히 기억하고 계십니까? 아마도 이런 질문을 받은 대부분의 사람은 "잘 기억나지 않는다"라고 답할 텐데, 그것은 지극히 정상적인 답변이라 생각합니다.

만약 과거 속의 오늘을 또렷이 기억하는 사람이 있다면 그에게 있어 과거 속의 오늘은 아마도 개인적으로 어떤 특별한 이벤트가 있었던 날이지 않았을까 생각해 봅니다.

어린 시절 어느 집이나 그러했겠지만 우리 집도 역시 가난했습니다. 초등학교 시절, 학교에 변변한 가방을 들고 다닌 적이 별로 없었습니다. 이유는 간단합니다. 형님이 위로 두 분이나 계시다 보니 온전한 가방은 꿈도 꿀 수 없는 형편이었죠. 제일 큰형의 가방에 문제가 생길 무렵이면 득달같이 어머니께서는 그 가방을 동생들에게 주라 하시고는 큰형에게 새 가방을 사 주셨습니다.

그러다 보니 큰형에게 버려진 가방은 상태가 그나마 나으면 작은형, 상태가 불량하면 내 차지였습니다. 이런 가방을 얼마간 들고 다니다 내가 다시 이를 동생에게 물려주려고 하면 어머니께서는 손사래를 치시며 "어린 막내가 불쌍하지도 않니? 그렇게 해진 것을 어찌 들고 다니겠니?"라며 면박 아닌 면박을 주시고는 막내에게 새 가방을 사 주셨습니다. 저는 완전히 중간에 끼어서 입맛만 다셨죠. 따라서 초등학교 6년 내내 제 가방은 온전한 적이 한 번도 없었습니다.

아마 초등학교 3학년 때일 것입니다. 드디어 제가 반항이라는 것을 했죠. 반항의 이유는 간단했습니다. 새 가방, 그것도 신호등처럼 삼색이 들어간 신호등 가방이 아니면 학교를 절대 다니지 않겠다고 말했습니다. 저의 반항은 아침 댓바람부터 어머니의 엄청난 꾸짖음으로 돌아왔습니다. 이때 어머니에게 연탄광으로, 부엌으로 개 끌리듯 끌려다니며, 공부도 못하는 놈이 별의별 발악을 다한다고 구박을 당하면서 빗자루나 고무호스로 엄청 두들겨 맞았습니다.

하지만 저는 그런 역경과 고난을 딛고 그토록 원하던 신호등 가방을 손에 넣을 수 있었습니다. 자식들의 학교 지각과 결석을 무슨 전염병 보듯이 하시던 당시 어머니의 교육관 덕분에 좀 맞기는 했으나 내가 원하던 가방을 손에 넣을 수 있었던 것입니다.

가방을 사서 의기양양하게 집으로 돌아와 늦은 등교 준비를 하고 있을 때, 마루 끝에 앉아 말없이 담배를 피우시던 아버지의 힘없는 어깨가 보였습니다. 어린 마음에 내가 너무 속없이 아침부터 속상하게 한 것은 아닌가 하는 마음이 일었습니다. 하지만 저는 새 가방을 얻었다는 기쁨과 엄마로부터 받은 상처로 인해 아버지의 그런 모습은 그리 중요하게 여겨지지 않았습니다. 어서 학교에 가 친구들에게 새 가방을 자랑하고 싶어 흥분된 상태였던 것으로 기억합니다.

학교로 향하는 발걸음이 가벼워야 했는데 그리 가볍지 못했습니다. 평소와 달리 마루에 걸터앉으셔서 아무 말 없이 허공만 바라보시던 아버님의 모습이 자꾸 떠올랐기 때문이었습니다. 당시 아버지의 연세는 40대 중반이셨습니다. 그때 저는 그 시간까지 아버지가 왜 출근을 안 하셨는지에 대해서 깊이 생각하지 않았습니다.

세월이 흐른 후 내가 아버지 나이가 되어가던 어느 날에야 비로소 당시 아버지께서 그 시각에 마루에 나와 앉아 담배를 피우신 까닭을 알게 되었습니다. 아버지는 바로 그 전날 퇴직하셨던 것입니다.

우여곡절 끝에 얻은 신호등 가방이 3개월도 못 가 망가져 버렸을 때 저는 더 이상 가방을 새로 사 달라는 소리를 누구에게도 하지 못했습니다. 어머니의 매서운 매질보다 아버지께서 마루에 힘없이 걸터앉아 새로 산 가방을 내려다보시던 그때 모습이 떠올랐기 때문입니다.

그 이후 저는 가방을 사 달라는 이야기를 한 적이 없었습니다.

가방을 새로 사면서 다락방 창고로 올라갔던 낡고 해진 가방을 다시 메고 학교에 다녔지만 그 누구도 왜 그 가방을 들고 가느냐고 묻지 않았습니다.

대학에 들어가 제가 제일 처음 받은 선물이 뭔지 아십니까? 아버지로부터 아주 큰 가방을 선물로 받았습니다. 그것도 무슨 궤짝 수준의 대학생용 가방이었습니다. 아버지께 왜 이리 큰 가방을 사 주셨느냐고 여쭈니 환히 웃으시면서 "책 많이 넣고 다니며 공부 열심히 하라"라고 말씀하셨습니다. 아마 그 궤짝보다 더 큰 여행용 가방 크기의 대학생용 책가방이 있었다면 아마도 그것을 사 주셨을지도 모릅니다.

제가 아이를 키우는 부모의 입장이 되고 난 후, 대학 입학 선물로 제게 가방을 사 주셨던 아버지의 큰 뜻을 알게 되었습니다. 초등학교 시절 제가 그렇게 갖고 싶어 했던, 제대로 된 가방을 사 주지 못하셨던 것에 대해 미안한 마음이 계속 아버지 마음속 깊은 곳에 남아 있었던 것입니다. 그런 미안함으로 인한 부모로서 속죄와 사과의 마음을 책가방에 가득 담아 대학 입학 선물이라는 형태를 빌어 저에게 전하신 것입니다. 그렇게 제게 가방을 선물하며 환하게 웃으시던 아버님의 모습을 아직도 잊을 수가 없습니다.

인간은 망각의 동물이라 하지만 가방에 얽힌 아버지에 대한 추억은 결코 잊을 수 없습니다. 아버지는 대학 때 돌아가셨고, 공부도 못하는 놈이 가방 타령하면서 투정을 부린다고 야단치시던 어머니도 돌아가신 지 벌써 3년이 넘었습니다. 세상을 살아가면서 제가 아버지께 가방을 통해 받았던 사랑을 제 자식에게도 전해 주고 싶었습니다. 그래서 저도 가방을 사 주고 싶은데 아들 녀석들은 가방엔 취미가 없고 현란한 오락과 인터넷에 몰입해 있으니….

저를 아는 모든 분은 제가 항상 가방을 들고 다닌다는 것을 잘 알고 계실 것입니다. 하지만 가방에 얽힌 이런 이야기는 처음 들으셨겠지요? 가방에 얽힌 이야기를 지금까지 누구에게도 한 적이 없습니다. 가방을 들고 다니는 이유를 묻는 여러분에게 "책이 들어 있으니까"라고 둘러댔지만 속으로는 '가방 속에는 어린 시절 아버지께서 제게 전해 주시려 했던 용서와 사과의 마음과 함께 사랑의 마음이 담겨 있습니다'라고 답하곤 했습니다.

제가 평소에 들고 다니는 가방은 아버지가 사 주신 그때의 그 가방은 아닙니다. 그래도 저는 그 어떤 가방을 보거나 만지게 되면 아버지께서 제게 하려던 말씀이 무엇이었는가를 항상 생각하게 됩니다.

한 해가 저물어 갑니다. 살아가면서 본의든 본의가 아니든 우리가 소홀히 대할 수밖에 없었던 사람이나 약간 부족하게 대할 수밖에 없었던 친구와 직장 동료 혹은 연인이 있게 마련입니다. 그들에게 진실한 마음이라는 커다란 가방에 고마움을 가득 담아 전하는 연말연시가 되었으면 합니다. 제 아버지께서 제게 용서와 사랑의 마음을 담아 전해 주셨듯이 말입니다.

눈 내리는 연말이 되어 지난해의 슬펐던 일, 괴로운 일, 좋지 못한 모습 등이 모두 흰 눈에 덮여 버렸으면 좋겠습니다. 그리고 그 자리에 희망과 사랑, 용서와 화해 그리고 희생과 감사만이 자리 잡았으면 좋겠습니다.

저는 이제 제 젊음을 모두 바쳐 사랑한 회사를 떠납니다. 몸은 떠나도 마음만은 항상 제가 다녔던 회사와 가족 여러분 그리고 저를 아껴 주셨던 모든 이와 함께할 것입니다. 모든 분의 가정에 주님의 은총이 항상 함께하길 가슴 깊이 기도드리겠습니다.

감사합니다. 여러분 행복하세요.

성장의 챔피언

- 저자 : The Growth Agenda
- 자기계발/경영 · 경제
- 신국판 · 368쪽
- 정가 17,000원

삼성전자, 애플, 구글, 아마존 등 글로벌 기업 20
곳의 성공비결을 다양한 자료와 인터뷰로 꾸몄다.

마피아의 실전 경영학

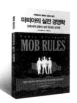

- 저자 : 루이스 페란테
- 자기계발
- 신국판 · 376쪽
- 정가 14,500원

〈비즈니스위크〉가 말하는 암흑가의 경영 구루
가 쓴 현대판 군주론이다.

행운을 잡는 8가지 기술

- 저자 : 소어 뮬러
  레인 베커
- 자기계발/경영 · 경제
- 신국판 · 352쪽
- 정가 15,000원

우리가 어떻게 해야 운 좋은 사람이 될 수 있는지
를 과학적으로 논했다.
뉴욕타임스 베스트셀러

병법에서 비즈니스 전략을 읽다

- 저자 : 후쿠다 고이치
- 자기계발/리더십
- 신국판 · 336쪽
- 정가 15,000원

더 이상의 병법서는 없다. 현존하는 주요 병법
서를 종합한 현대판 손자병법이다.

리퀴드 리더십

- 저자 : 브래드 스졸로제
- 자기계발/리더십
- 신국판 · 376쪽
- 정가 15,500원

버르장머리 없는 Y세대와 잔소리꾼 베이비부머가
함께 어울리는 법이 담겼다.
아마존 베스트셀러

마음을 흔드는 한 문장

- 저자 : 라이오넬 살렘
- 경제/경영
- 신국판 · 448쪽
- 정가 20,000원

2200개 이상의 광고 카피를 분석해 글로벌 기
업의 최신 슬로건을 정리했다.

세종처럼 읽고 다산처럼 써라

- 저자 : 다이애나 홍
- 인문/에세이
- 신국판 · 248쪽
- 정가 14,000원

책 읽기와 글 쓰기는 최고의 자기계발법이다. 세종과 다산, 두 위인의 발자취를 에세이 형식으로 풀어냈다. 저자인 다이애나 홍은 한국독서경영연구원을 이끌며 대한민국 1호 독서 디자이너로 활약 중이다.

깐깐한 기자와 대화하는 법

- 저자 : 제프 앤셀
  제프리 리슨
- 자기계발/언론
- 신국판 · 272쪽
- 정가 14,000원

기자 출신으로 세계적인 커뮤니케이션 컨설턴트가 말하는 실전 대언론전략서다. 기업 임원, 홍보 담당자, 정계 인사라면 꼭 읽어야 할 책이다.

내 안의 겁쟁이 길들이기

- 저자 : 이름트라우트 타르
- 자기계발/심리
- 신국판 · 236쪽
- 정가 13,500원

심리치료사이자 독일의 유명무대 연주자가 쓴 무대공포증 정복 비법. 이달의 읽을 만한 책(한국출판문화산업진흥원)으로 선정된 바 있다.

내 안의 자신감 길들이기

- 저자 : 바톤 골드스미스
- 자기계발/심리
- 신국판 · 316쪽
- 정가 13,800원

도전에 맞서기가 두려운 이유는 자신에 대한 믿음이 부족하기 때문이다. 이 책은 자신감이 부족한 당신의 삶을 바꿀 수 있는 계기가 될 것이다.

세상에 쓸모없는 사람은 없다

- 저자 : 웨이완레이, 양센쥐
- 경제/경영
- 신국판 · 368쪽
- 정가 15,000원

전 세계에서 《성경》과 《공산당선언》 다음으로 많이 보급된 《노자》. 이 《노자》에 담긴 경영 사상을 도(道), 덕(德), 유(柔), 무(無), 반(反), 수(水)로 종합해 설명했다.

서로를 사랑하지 못하는 엄마와 딸

- 저자 : 호로이와 히데아키
- 인문/에세이
- 국판 · 236쪽
- 정가 13,000원

서로를 사랑하지 못하는 모녀들의 이야기. 실제 상담 사례를 각색해 그들이 상처를 치유해 가는 과정을 보여준다.

량원건과 싼이그룹 이야기

• 저자 : 허전린
• 경제/경영
• 신국판 · 320쪽
• 정가 14,500원

중국 최고의 중공업기업인 싼이그룹과 량원건 그룹 회장에 대한 이야기이다. 허름한 용접공장에서 시작된 싼이그룹이 어떻게 중국 최고에 올랐는지를 분석했다. 저자 허전린은 최측근에서 량 회장을 보좌하면서 알게 된 그의 철학 등을 허심탄회하게 풀어나간다.

벤츠 · 베토벤 · 분데스리가

• 저자 : 최연혜
• 인문/에세이
• 신국판 · 328쪽
• 정가 14,000원

이 책은 독일과 독일인에 대해 한국인의 시선으로 심도 있게 분석한다. 이를 통해 한국이 나아갈 방향을 제시한다. 저자 최연혜 코레일 사장은 서울대학교와 동 대학원에서 독문학을 전공하고, 독일 만하임대학교에서 경영학 박사 학위를 취득한 자타공인 독일 전문가다.

반성의 역설

• 저자 : 오카모토 시게키
• 인문/교육
• 국판 · 264쪽
• 정가 13,800원

저자는 교도소에 수감 중인 수형자를 교정지도하고 있는 범죄 심리 전문가다. 그는 수감자와의 상담을 통해 반성의 역설적인 면을 폭로한다. 이를 통해 진정한 반성이 무엇인지를 고민했다.

누가 왕따를 만드는가

• 저자 : 아카사카 노리오
• 인문/사회
• 신국판 · 320쪽
• 정가 14,500원

차별 문제를 '배제'라는 키워드로 풀었다. 배제의 현상을 학교 내 따돌림, 노숙자 살인, 사이비 종교, 묻지마 범죄, 장애인 차별, 젊은이들의 현실도피 등 6개 주제로 나누어 분석했다.

유대인 유치원에서 배운 것들

• 저자 : 우웨이닝
• 육아/유대인 교육
• 신국판 · 260쪽
• 정가 13,000원

유대인의 교육 철학은 유명하다. 이렇게 유명한 데는 이유가 있는 법! 이 책은 자녀교육의 모범답안이라는 유대인의 교육법을 동양인의 시선으로 바라봤다.

내 안의 마음습관 길들이기

• 저자 : 수제, 진홍수
• 자기계발/심리
• 신국판 · 264쪽
• 정가 13,500원

생활 속에서 흔히 경험하는 심리 현상을 소개하고, 사람들의 행동에 숨겨진 심리적 원인을 쉬운 언어로 해석했다. 더불어 자신의 마음을 다스리고, 원활하게 사회생활을 해 나갈 수 있는 구체적인 방법을 제시한다.

생각의 크기만큼 자란다

- 저자 : 장석만
- 청소년/철학
- 국판 · 224쪽
- 정가 12,000원

이 책에서는 '창의력이란 무엇일까?'라는 물음에 70명의 위인들이 답한다. 남들과 다른 생각으로 세상을 바꾼 인물들의 이야기가 나온다. 대한출판문화협회와 한국출판문화진흥재단이 선정한 '2015 올해의 청소년교양도서' 중 하나다.

모략의 기술

- 저자 : 장스완
- 인문/고전
- 신국판 · 288쪽
- 정가 14,000원

귀곡자는 중국 역사상 가장 혼란했다는 전국시대에 제후들 사이를 오가며 약한 나라일수록 종횡으로 힘을 이용해야 한다고 주장한 책략가였다. 지금까지 국내에 잘 알려지지 않았던 그의 주장을 현대에 맞게 자기계발서로 재구성했다.

돈, 피, 혁명

- 저자 : 조지 쿠퍼
- 경제학/교양 과학
- 신국판 · 272쪽
- 정가 15,000원

이 책은 혼란했던 과학혁명 직전의 시기를 예로 들어 경제학에도 혁명이 임박했음을 이야기한다. 과학혁명 이전 혼란기의 천문학, 의학, 생물학, 지질학과 현재 혼란기를 겪고 있는 경제학의 유사점이 흥미진진하게 전개된다.

상처를 넘어설 용기

- 저자 : 나영채
- 심리학/심리 에세이
- 신국판 · 276쪽
- 정가 14,000원

심리상담 전문가인 저자는 자신의 경험과 여러 상담 사례를 통해 독자들에게 끌어가는 삶을 살 것인지 끌려가는 삶을 살 것인지를 묻는다. 과거와 이별하면 현재가 보이며 그렇게 됐을 때 앞으로의 삶을 주도적으로 살 수 있게 된다고 주장한다.

엄마의 감정수업

- 저자 : 나오미 스태들런
- 육아심리/자녀교육
- 신국판 · 368쪽
- 정가 14,800원

엄마라면 누구나 공감할 만한 생생한 목소리가 담겼다. 육아 분야 베스트셀러 저자이자 심리 치료사인 저자가 운영하는 엄마들을 위한 토론 모임에서 나왔던 많은 엄마들의 사례를 통해 엄마와 아이의 바람직한 애착 관계에 대해 이야기한다.

희망을 뜨개하는 남자

- 저자 : 조성진
- 자기계발/경제·경영
- 신국판 · 268쪽
- 정가 14,000원

공병호, 김미경, 최희수 등이 추천하는 감동 휴먼 스토리이자 특별한 성공 노하우가 담긴 자기계발서다. 보통 사람들이 범접하기 힘든 분야의 거창한 성공담이 아닌 가진 것 없던 보통 사람의 경험이 글에 녹아 있다.